¡Imagínalo!

Aprendizaje visual de destrezas

Propósito del autor

Los autores escriben para informar o entretener

Informar

Entretener

Causa y efecto

¿Por qué ocurrió?

Causa

¿Qué ocurrió?

Efecto

Clasificar y categorizar

¿Qué juguetes van juntos?

Naves espaciales

Muñecos de acción

Comparar y contrastar

¿En qué nos parecemos?

¿En qué nos diferenciamos?

Hechos y detalles

Sacar conclusiones

Usa lo que ya sabes para comprender lo que ocurre.

Hechos y opiniones

El enunciado de un hecho puede probarse que es verdadero o falso.

Esta película es sobre los hermanos Wright.

Hecho

El enunciado de una opinión expresa las ideas o sentimentos de una persona.

Opinión

Fuentes gráficas

Línea cronológica

Cómo me preparo para la escuela

6:30   7:00   7:30   8:00   8:30   9:00

Gráfica circular

Cómo llegamos a la escuela

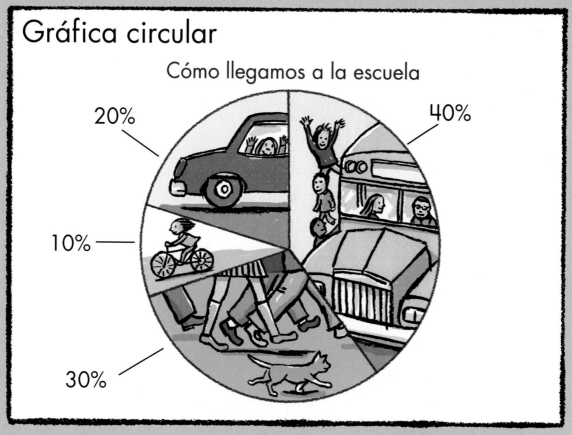

20%

40%

10%

30%

Idea principal y detalles

Idea principal

¿De qué trata la lectura?

Detalles

Secuencia

¿Qué sucede primero, después y por último?

Pasos de un proceso

1

2

3

4

Elementos literarios

Personajes

Argumento

Principio

Medio

Final

¿Qué ocurre al principio, en el medio y al final del cuento?

Problema/solución

Problema

Solución

Ambiente

Es el tiempo y el lugar en que se desarrolla un cuento.

Tema

¿Cuál es la idea general del cuento?

¡Imagínalo! | Aprendizaje visual de estrategias

Conocimientos previos

Ideas importantes

Inferir

Verificar y aclarar

Predecir y establecer propósitos

Preguntar

Estructura del cuento

Resumir

Estructura del texto

Visualizar

Conocimientos previos

Conocimientos previos es lo que ya sabes sobre un tema. Usa los conocimientos previos antes, durante, y después de leer para verificar tu comprensión.

¡Pensemos en la lectura!

Cuando uso conocimientos previos, me pregunto

- ¿Qué es lo que ya sé?
- ¿Qué me recuerda esto?
- ¿En qué otros cuentos me hace pensar?

Ideas importantes

Ideas importantes son las ideas esenciales y los detalles de apoyo de una selección. Las ideas importantes incluyen información y hechos que dan pistas para llegar al propósito del autor.

Cuando identifico ideas importantes, me pregunto
- ¿Cuáles son los hechos importantes?
- ¿Qué muestran las ilustraciones y fotos?
- ¿Qué muestran los diagramas y tablas que puede ser importante?

Inferir

Cuando **inferimos**, usamos conocimientos previos y pistas del texto para llegar a nuestras propias ideas. Lo hacemos para apoyar la comprensión.

¡Pensemos en la lectura!

Cuando infiero, me pregunto

- ¿Qué es lo que ya sé?
- ¿Cómo me ayuda esto a comprender qué sucedió?

Verificar y aclarar

Verificamos la comprensión para asegurarnos de que la lectura tiene sentido. **Aclaramos** para descubrir por qué no hemos entendido. Luego, solucionamos los problemas.

¡Pensemos en la lectura!

Cuando verifico y aclaro, me pregunto

- ¿Entiendo lo que estoy leyendo?
- ¿Qué es lo que no tiene sentido?
- ¿Cómo puedo solucionarlo?

Predecir y establecer propósitos

Predecimos para decir qué puede suceder después en un cuento o artículo. La predicción se basa en lo que ya ha sucedido.

Establecemos un propósito para guiar nuestra lectura.

¡Pensemos en la lectura!

Cuando predigo y establezco un propósito, me pregunto

- ¿Qué es lo que ya sé?
- ¿Qué pienso que sucederá después?
- ¿Cuál es mi objetivo al leer?

Preguntar

Preguntar es hacer buenas preguntas acerca de información importante del texto. Preguntar sucede antes, durante y después de la lectura.

¿A qué velocidad va?

¡Pensemos en la lectura!

Cuando pregunto, me pregunto
- ¿De qué tratará esto?
- ¿Qué quiere decir el autor?
- ¿Qué preguntas me ayudan a comprender lo que estoy leyendo?

Estructura del cuento

La **estructura del cuento** es el ordenamiento del cuento de principio a fin. Usamos la estructura para volver a contar los sucesos importantes de un cuento.

Principio

¡Bola uno!

Medio

¡Bola dos!

Fin

¡Pensemos en la lectura!

Cuando identifico la estructura del cuento, me pregunto

- ¿Qué sucede al principio?
- ¿Qué sucede en el medio?
- ¿Qué sucede al final?
- ¿Cómo uso esta estructura para volver a contar el cuento?

Resumir

Cuando **resumimos**, usamos nuestras propias palabras para volver a contar las ideas o los sucesos más importantes de lo que hemos leído. Un resumen tiene pocas oraciones.

¡PENSEMOS en la lectura!

Cuando resumo, me pregunto
- ¿De qué trata esto principalmente?
- ¿Qué quiere decir el autor?
- ¿Cómo se organiza la información?

Estructura del texto

Usamos la **estructura del texto** cuando se trata de no ficción, para describir el orden de los sucesos en un texto; por ejemplo, causa y efecto o secuencia. Presta atención a la estructura del texto antes, durante y después de la lectura.

¡Pensemos en la lectura!

Cuando identifico la estructura del texto, me pregunto

- ¿Cómo se organiza el texto? ¿Según causa y efecto? ¿En secuencia? ¿De otra manera?
- ¿Cómo me sirve de ayuda la estructura para describir el orden del texto?

Visualizar

Visualizamos para formar imágenes en nuestra mente sobre lo que sucede en un cuento o artículo.

¡Pensemos en la lectura!

Cuando visualizo, me pregunto
- ¿Qué es lo que ya sé?
- ¿Qué palabras y frases crean imágenes en mi mente?
- ¿Cómo me ayuda esto a comprender lo que estoy leyendo?

I•27

Autores del programa

Peter Afflerbach

Camille Blachowicz

Candy Dawson Boyd

Elena Izquierdo

Connie Juel

Edward Kame'enui

Donald Leu

Jeanne R. Paratore

P. David Pearson

Sam Sebesta

Deborah Simmons

Alfred Tatum

Sharon Vaughn

Susan Watts Taffe

Karen Kring Wixson

Autores del programa en español

Kathy C. Escamilla

Antonio Fierro

Mary Esther Huerta

Elena Izquierdo

Glenview, Illinois • Boston, Massachusetts • Chandler, Arizona
Upper Saddle River, New Jersey

Dedicamos Calle de la Lectura a

Peter Jovanovich.

☙ ❦ ❧

Su sabiduría, valentía
y pasión por la educación
son una inspiración para todos.

Acerca del ilustrador de la cubierta

Cuando Scott Gustafson cursaba la escuela primaria, dedicaba la mayor parte de su tiempo libre a hacer dibujos. En la actualidad se gana la vida haciendo dibujos. Antes de comenzar a pintar, toma fotografías a su familia, a sus mascotas o a sus amigos posando como los personajes que aparecerán en la ilustración. Después utiliza las fotos como referencia al dar los últimos toques al dibujo. En esta cubierta aparece su mascota, una cacatúa llamada Piper.

ISBN-13: 978-0-328-46235-3
ISBN-10:   0-328-46235-7
2 3 4 5 6 7 8 9 10 V063 14 13 12 11 10
CC1

PEARSON

Querido lector de Texas:

Comienza un nuevo año escolar. ¿Estás listo? Vas a dar un viaje a lo largo de una calle famosa: *Calle de la Lectura de Scott Foresman*. Durante este viaje, volarás en el espacio con algunos astronautas. Explorarás el desierto. Acamparás con Henry y su enorme perro Mudge. Incluso estarás con Jade para verla preparar la primera tortilla.

A medida que leas estos cuentos y artículos, aprenderás cosas nuevas que te ayudarán en ciencias y estudios sociales.

Mientras disfrutas estas interesantes obras literarias, te darás cuenta de que otra cosa está ocurriendo: te estás convirtiendo en un mejor lector.

Que tengas un buen viaje y ¡no te olvides de escribirnos!

Cordialmente,
Los autores

Exploración

PREGUNTA PRINCIPAL

¿Qué podemos aprender al explorar nuevos lugares y cosas?

Medio elefante
por Gusti

4

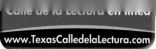

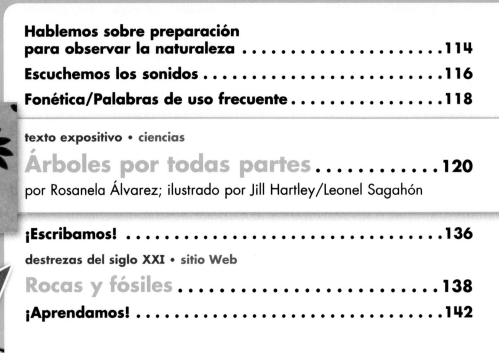

Repaso interactivo
Cuaderno de lectores y escritores 61–92

¡Imagínalo! **Manual de comprensión de lectura para TEKS**

¡Imagínalo! Aprendizaje visual de
destrezas I•1–I•15

¡Imagínalo! Aprendizaje visual de
estrategias I•17–I•27

¿Cómo trabajamos unidos?

TRABAJAMOS juntos

Semana 2

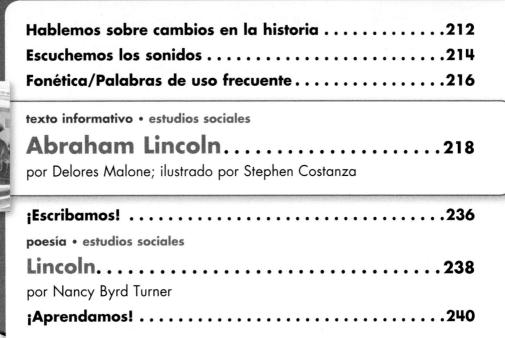
Semana 3

Semana 6

¡Imagínalo! Manual de comprensión de lectura para TEKS

¿Qué significa ser creativo?

Ideas creativas

Semana 1

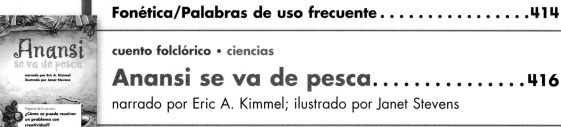

Repaso interactivo

Cuaderno de lectores y escritores

¡Imagínalo! Manual de comprensión de lectura para TEKS

¡Imagínalo! Aprendizaje visual de destrezas I•1–I•15

¡Imagínalo! Aprendizaje visual de estrategias I•17–I•27

Don Leu
El experto en Internet

La naturaleza de la lectura y el aprendizaje cambia ante nuestros propios ojos. La Internet y otras tecnologías crean nuevas oportunidades, nuevas soluciones y nuevos conocimientos. Para trabajar en línea hacen falta nuevas destrezas de comprensión de la lectura. Estas destrezas son cada vez más importantes para nuestros estudiantes y nuestra sociedad.

Nosotros, los miembros del equipo de Calle de la Lectura, estamos aquí para ayudarte en este nuevo y emocionante viaje.

¡Míralo!

- Video de la Pregunta principal

- Video de Hablar del concepto

- Animaciones de ¡Imagínalo!

- Libritos electrónicos

- Tarjetas interactivas de sonidos y grafías

queso

/k/

¡Escúchalo!

- Animaciones de *Cantemos juntos*

- Selecciones electrónicas

- GramatiRitmos

- Actividades de vocabulario

Los perros corren.
El pato voló.
El perro está corriendo
El perro está cansado

Video de Hablar del concepto

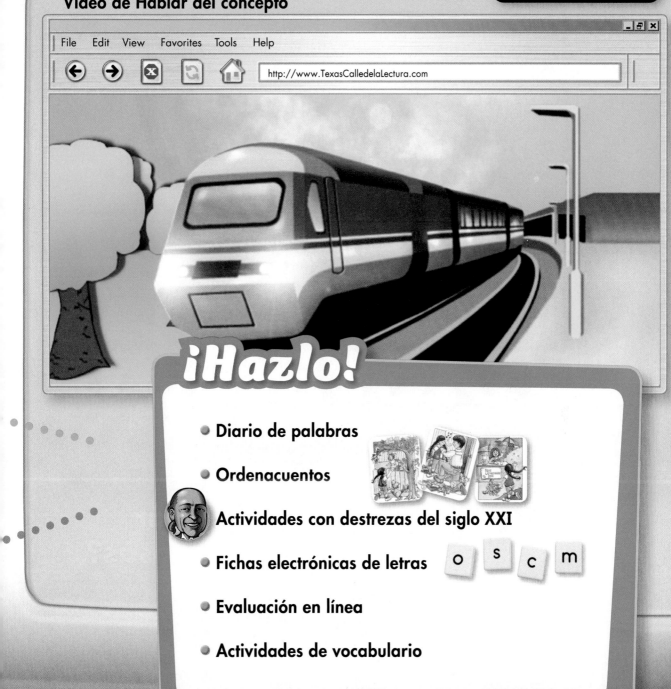

File   Edit   View   Favorites   Tools   Help

http://www.TexasCalledelaLectura.com

¡Hazlo!

- Diario de palabras
- Ordenacuentos
- Actividades con destrezas del siglo XXI
- Fichas electrónicas de letras   o   s   c   m
- Evaluación en línea
- Actividades de vocabulario

Exploración

PREGUNTA PRINCIPAL
?

¿Qué podemos
aprender al explorar
nuevos lugares y cosas?

TEXAS
Calle de la Lectura en línea

www.TexasCalledelaLectura.com
- Video de la Pregunta principal
- Selecciones electrónicas
- Animaciones de ¡Imagínalo!
- Ordenacuentos

TEKS

2.28.A Escuchar atentamente a los hablantes, formulando preguntas para aclarar la información.
2.29.A Comentar información e ideas sobre el tema en discusión, hablando claramente, a un ritmo adecuado y usando las normas del lenguaje apropiadas.

Vocabulario Oral

Hablemos sobre

El mundo que nos rodea

- Comenta la información sobre el mundo que nos rodea.

- Comenta tus ideas sobre diferentes cosas, plantas y animales.

CALLE DE LA LECTURA EN LÍNEA
VIDEO DE HABLAR DEL CONCEPTO
www.TexasCalledelaLectura.com

¡Aprenderás **2 4 1** palabras asombrosas este año!

TEKS

★ Generar oralmente una serie de palabras originales que rimen, usando una variedad de terminaciones.
★ Reconocer el cambio en una palabra hablada al cambiar un fonema o una sílaba.

Conciencia fonológica

Escuchemos

Sonidos

● Busca tres cosas con sílabas que terminan en vocal, como *oveja*. Cuando una sílaba termina en vocal se dice que es una sílaba abierta.

● Busca algunas palabras con sílabas abiertas que se pueden cambiar para formar una nueva palabra, como *lata* y *pata*.

● Di palabras que rimen con cosas que ves en la ilustración, como *Ana* y *rana*.

CALLE DE LA LECTURA EN LÍNEA
TARJETAS DE SONIDOS Y GRAFÍAS
www.TexasCalledelaLectura.com

52

TEKS

2.2.A.1.i Decodificar palabras en contexto y por separado, aplicando el conocimiento de las relaciones que hay entre las letras y los sonidos en diferentes estructuras silábicas, incluyendo sílaba abierta (CV, ej., *casa*). **2.5** Comprender el vocabulario nuevo y utilizarlo al leer.

¡Imagínalo! | Sonidos y sílabas

araña
/a/

bate
/b/

guitarra
/g/

hoja
/h/

familia
/f/

CALLE DE LA LECTURA EN LÍNEA
TARJETAS DE SONIDOS Y GRAFÍAS
www.TexasCalledelaLectura.com

Fonética

Sílabas abiertas

Sonidos y sílabas que puedo combinar

l a n a

l a g u n a

n a d a

v e r a n o

n u d o

Oraciones que puedo leer

1. En el verano mi hermano nada todas las tardes.

2. El agua de la laguna es fresca y cristalina.

3. Mi abuela hace un nudo con la lana.

¡Ya puedo leer!

Ayer en la noche, mis amigos y yo jugamos a las escondidas. No podíamos encontrar a Mario porque se había subido a un árbol. Estaba medio escondido entre las ramas. ¡Además estaba leyendo un libro muy calladito! La casa de mi perro Pinto fue otro de los mejores escondites. Sara pudo encontrarnos a todos sin ayuda de nadie. Yo me escondí detrás de una maceta enorme un par de veces. Me gusta mucho cuando mis amigos y yo inventamos nuestros propios juegos.

Has aprendido

🌀 Sílabas abiertas

Palabras de uso frecuente

noche árbol medio además
otro sin par propios

Medio elefante

por Gusti

Género

El **cuento fantástico** es un relato inventado porque no es posible que realmente ocurra. ¿Qué hace que este relato sea un cuento fantástico?

Una noche el mundo se partió por la mitad.

¡CRAC!

Un elefante que estaba durmiendo se despertó y
descubrió que su otra mitad había desaparecido.

El elefante se miró
por delante,

por detrás,

por un lado

y por el otro.

¡Qué horror! Debo encontrar a mi otra mitad a toda costa. Y salió a buscarla.

El medio elefante se acercó hasta un árbol donde descansaba un medio leopardo.

—Buenos días, señor leopardo. ¿No ha visto a un medio elefante por aquí?

—¡No! —contestó el medio felino—. Y tú, ¿no has visto mi otra mitad?

Luego se encontró con un medio cocodrilo de afilados dientes.

—Perdone usted, señor cocodrilo. ¿No ha visto pasar a un medio elefante?

—¡No! —contestó éste—. Y tú, ¿no habrás visto una cola con dos patas?

Y así el medio
elefante fue
preguntando
por aquí y por allá,
hasta que de pronto
comprendió que
todos los animales
estaban como él:

partidos

por la mitad.

—Qué remedio. He de encontrar
otra mitad y así no me sentiré partido.
Al primero que encontró, fue un medio
gusano. Pero éste no paraba de hablar y
terminó por aburrir al medio elefante.

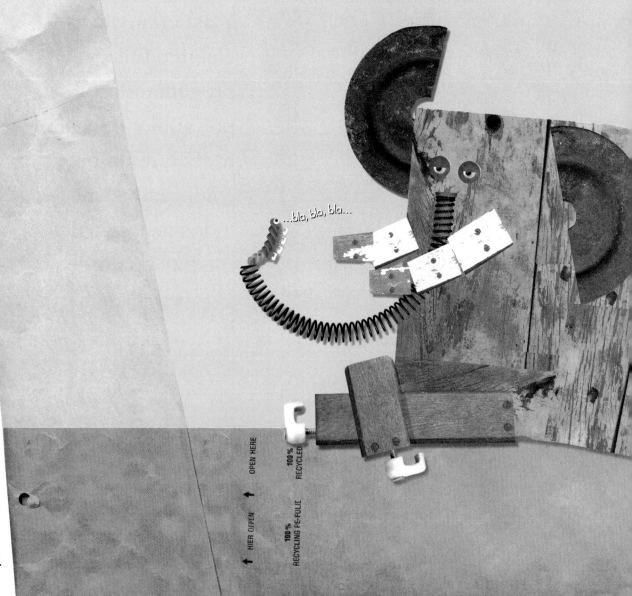

...bla, bla, bla...

Un medio camaleón que pasaba por allí lo invitó a su rama, pero a la hora de la comida no se ponían de acuerdo. Y, además, las moscas son muy difíciles de atrapar con la trompa.

Entonces pensó: ¡Ser sólo medio elefante no está nada mal! Puedo esconderme detrás de un árbol sin que nadie me vea. Puedo conducir un minidescapotable. Y ya no tendré que rascarme, porque nunca más me picará la cola.

En el otro lado del mundo,
el otro medio elefante tenía sus
propios problemas. Como no
podía hablar, intentaba sin éxito
juntarse con otras mitades.

Primero se juntó con un medio flamenco. Pero eso de mantener el equilibrio durante la siesta era muy complicado.

Más tarde probó juntarse con un medio mono. Pero éste no podía saltar por los árboles, pues se encontraba muy pesado.

Después lo intentó con un medio pato, pero éste se pasaba la mayor parte del tiempo en el agua y terminó con la piel arrugada.

39

Hasta que, cansado de juntarse con tantas otras mitades, decidió quedarse como estaba.

—¡Ser medio elefante tiene sus ventajas! —se dijo—. Puedo volar en un globo aerostático por entre las nubes. Puedo pesarme en una balanza sin romperla.

Puedo comprar sólo un par de
zapatos, en vez de dos. Y, además,
ya no tendré que sonarme la trompa
si estoy resfriado.

Y así pasó el tiempo, hasta que, el día menos pensado, el mundo se volvió a unir.

Los dos medio elefantes al fin se encontraron y
decidieron que querían seguir juntos, pero…
¡no tanto!

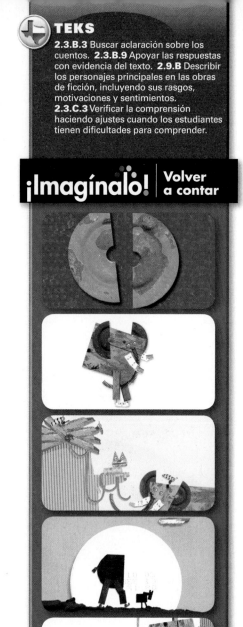

TEKS

2.3.B.3 Buscar aclaración sobre los cuentos. **2.3.B.9** Apoyar las respuestas con evidencia del texto. **2.9.B** Describir los personajes principales en las obras de ficción, incluyendo sus rasgos, motivaciones y sentimientos. **2.3.C.3** Verificar la comprensión haciendo ajustes cuando los estudiantes tienen dificultades para comprender.

¡Imagínalo! | Volver a contar

CALLE DE LA LECTURA EN LÍNEA
ORDENACUENTOS
www.TexasCalledelaLectura.com

Piensa críticamente

1. ¿Los sucesos del cuento podrían pasar en realidad en la Tierra? ¿Cómo lo sabes? El texto y el mundo

2. ¿De qué otra manera podrías terminar este cuento?

Pensar como un autor

3. Nombra varios personajes de este cuento. ¿En qué se parecen? ¿En qué se diferencian? ¿Dónde se desarrolla la acción?

Elementos literarios: Personaje y ambiente

4. ¿Hay algo del cuento que no entendiste? ¿Qué hiciste para comprenderlo? Verificar y aclarar

5. Mira de nuevo y escribe
Vuelve a mirar la página 37. ¿Qué pasa en el otro lado del mundo? Da evidencia que apoye tu respuesta.

PRÁCTICA PARA EL EXAMEN | Respuesta desarrollada

Gusti

¿Sabías que las ilustraciones de este cuento son de desperdicios? "Mi idea es enseñar a los niños que con la basura también se puede hacer arte", explica Gusti. Este escritor e ilustrador argentino ha ganado muchos premios por sus originales ilustraciones.

Lee otros libros escritos o ilustrados por Gusti.

Usa el Registro de lecturas del *Cuaderno de lectores y escritores*, para anotar tus lecturas independientes.

45

TEKS

2.1.A.1 Distinguir las características de una oración. **2.18.A.1** Escribir cuentos breves que incluyan un principio. **2.18.A.2** Escribir cuentos breves que incluyan un medio. **2.18.A.3** Escribir cuentos breves que incluyan un final. **También 2.22.D.1.**

Aspectos principales de una narrativa personal

- trata sobre una experiencia real de la vida del escritor.

- cuenta algo usando las palabras *yo* y *mí*

- incluye detalles para contar el suceso de forma expresiva

CALLE DE LA LECTURA EN LÍNEA
GramatiRitmos
www.TexasCalledelaLectura.com

Escritura narrativa

Narración personal

Una **narración personal** es un cuento sobre algo que le sucedió al escritor. El modelo del estudiante, en la página siguiente, es un ejemplo de narración personal.

Instrucciones Piensa qué aprende la gente al explorar un nuevo lugar. Escribe una narración personal acerca de un nuevo lugar que hayas visitado.

Lista del escritor

Recuerda que debes...

- ✓ contar una experiencia interesante de tu vida.
- ✓ usar las palabras *yo* y *mí*.
- ✓ usar oraciones completas.
- ✓ terminar las oraciones con la puntuación correcta.

El viaje a la Florida

El verano pasado mi familia y yo fuimos a la Florida. Fui a la playa por primera vez.

El océano era hermoso. El agua era azul y estaba muy limpia. Mi hermana y yo fuimos a nadar. Las olas eran altas y fuertes. Era difícil estar parado. Fue muy divertido.

Después hicimos un castillo de arena. Era casi tan alto como yo. A mí me encantó. Poco a poco, el océano iba acercándose a nosotros, hasta que de pronto derrumbó el castillo.

Característica de la escritura: Normas
Las oraciones tienen la puntuación correcta.

Género:
En una **narración personal** se usan palabras como *yo* o *mí*.

Cada **oración** expresa una idea completa.

Normas

Oraciones

- **Recuerda** Una **oración** es un grupo de palabras que expresa una idea completa. Una oración comienza con mayúscula. Muchas
- oraciones terminan con **punto**.

47

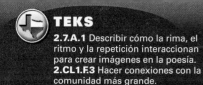

TEKS

2.7.A.1 Describir cómo la rima, el ritmo y la repetición interaccionan para crear imágenes en la poesía.
2.CL1.F3 Hacer conexiones con la comunidad más grande.

Estudios Sociales en Lectura

Género
Poesía

- Muy a menudo, la poesía tiene palabras que riman. Esas palabras terminan con el mismo sonido.

- Generalmente los poemas riman y usan la repetición para crear imágenes.

- Muchas veces, las palabras de un poema crean imágenes de fantasía.

- Lee "Dragones de nubes" y "Mientras más hay en el cielo". Busca los aspectos que les hacen poesía.

Dragones de nubes

por Pat Mora

¿Qué ves en las nubes,
con blancos reflejos?
¿Qué ves en el cielo a lo lejos?

¡Ay! Veo dragones
con grandes colas
deslizándose en lo inmenso.

¿Qué ves en las nubes,
con blancos reflejos?
Dime, dime qué ves.

¡Ay! Veo caballitos
alcanzando el viento,
surcando el azul a todo correr.

Mientras más hay en el cielo

Pensemos...

¿Qué palabras se repiten en "Dragones de nubes"? ¿Qué te imaginas cuando oyes esas palabras?

por Fernando del Paso

Mientras más hay en el cielo,
se ven más bellas.
También viven en el mar:
son las estrellas.

Pensemos...

Relacionar lecturas ¿De qué se tratan los poemas? ¿De qué se trata *Medio elefante*? ¿En qué se parecen los poemas y el cuento de fantasía? ¿En qué se diferencian?

Escribir variedad de textos Piensa en un idea para un poema o un cuento de fantasía. Escribe el título y unas frases describiendo de que se trataría tu fantasía.

TEKS

2.4.A.1 Leer textos adecuados al nivel del grado, en voz alta y con precisión. **2.5.D.1** Poner en orden alfabético una serie de palabras. **2.28.A.1** Escuchar atentamente a los hablantes. **2.28.A.2** Formular preguntas para aclarar la información. **2.29.A.1** Comentar información sobre el tema en discusión. **2.29.A.2** Comentar información hablando claramente, a un ritmo adecuado y usando las normas del lenguaje apropiadas.

CALLE DE LA LECTURA EN LÍNEA
ACTIVIDADES DE VOCABULARIO
www.TexasCalledelaLectura.com

Vocabulario

Poner en orden alfabético

significa ordenar palabras según el orden de las letras del alfabeto.

¡Practícalo! Lee estas palabras. Escríbelas en orden alfabético.

sol   mojado   casa

autobús   mañana   paseo

Fluidez

Leer con un ritmo apropiado
Lee como si estuvieras hablando. Lee despacio si no entiendes lo que estás leyendo.

¡Practícalo! Lee las siguientes oraciones con un compañero.

1. Jan y Erin son amigos.

2. Mira la casa en la colina.

3. En la noche, las estrellas hermosas brillan.

Escuchar y hablar

Habla para compartir ideas e información, y escucha para oír preguntas.

Por qué hablamos y por qué escuchamos

Hablamos para compartir ideas e información. También hablamos para hacer y responder preguntas. Escuchamos a otros atentamente cuando hablan. Escuchamos para oír preguntas. También escuchamos para oír ideas e información.

¡Practícalo! Piensa acerca de lo que te gusta de un miembro de tu familia. Cuéntale eso a un compañero. Asegúrate de hablar claramente y despacio. Habla usando oraciones completas.

Sugerencias

Escuchar...

• Prepárate para hacer preguntas relevantes.

Hablar...

• Habla claramente a un ritmo apropiado.

TEKS

2.28.A Escuchar atentamente a los hablantes, formulando preguntas para aclarar la información.
2.29A Comentar información e ideas sobre el tema en discusión, hablando claramente, a un ritmo adecuado y usando las normas del lenguaje pertinentes.

Vocabulario Oral

sobre

La exploración espacial

- Comenta la información sobre cómo los astronautas exploran el espacio.

- Comenta tus ideas sobre qué equipo se necesita.

CALLE DE LA LECTURA EN LÍNEA
VIDEO DE LA PREGUNTA PRINCIPAL
www.TexasCalledelaLectura.com

Conciencia fonológica

Escuchemos

Sonidos

● Busca cinco cosas con sílabas que terminan en consonante, como *sol*. Cuando una sílaba termina en consonante se dice que es una sílaba cerrada.

● Busca algunas palabras con sílabas cerradas que se pueden cambiar para formar una nueva palabra, como *lista* y *cesta*.

● Di palabras que rimen con cosas que ves en la ilustración, como *artista* y *lista*.

TEKS

2.2.A.1.ii Decodificar palabras en contexto y por separado, aplicando el conocimiento de las relaciones que hay entre las letras y los sonidos en diferentes estructuras silábicas, incluyendo sílaba cerrada (CVC, ej., *reloj, los, álbum*). **2.5** Comprender el vocabulario nuevo y utilizarlo al leer.

¡Imagínalo! | Sonidos y sílabas

sol

Patrones silábicos

isla

alce

/s/

/a/

CALLE DE LA LECTURA EN LÍNEA
TARJETAS DE SONIDOS Y GRAFÍAS
www.TexasCalledelaLectura.com

Fonética

🔊 Sílabas cerradas

Sonidos y sílabas que puedo combinar

s o l

e n f e r m o

t o s

l u z

i n s e c t o

Oraciones que puedo leer

1. Manuel no vino a la escuela porque está enfermo.

2. Siempre me cubro la boca cuando tengo tos.

3. Las alas del insecto brillan con la luz del sol.

¡Ya puedo leer!

A mi familia y a mí nos gustan mucho los viajes. Mi mamá dice que es importante aprender sobre otros lugares. Una vez fuimos a acampar a las montañas. Todo el camino hacia la cima estuvo lleno de cosas interesantes. Tomé fotos de insectos raros. Junté hojas y semillas de las plantas. Mi parte favorita fue dormir al aire libre. Me gustó escuchar a los animales en la noche mientras me dormía. Antes de irnos, tuvimos que dejar todo limpio y apagar muy bien la fogata para no provocar incendios. Espero que podamos ir otra vez.

Has aprendido

🎯 Sílabas cerradas

Palabras de uso frecuente
viajes   aprender   lleno   dormir
mientras   limpios

Exploremos el espacio

con una astronauta

por Patricia J. Murphy

Pregunta de la semana

¿Qué podemos aprender al explorar el espacio?

Género

El **texto expositivo** cuenta hechos sobre un tema. Ahora leerás sobre la tripulación de un transbordador espacial real.

59

El despegue

3... 2... 1... ¡Despegue!

Los transbordadores espaciales vuelan alto por el cielo. Dentro del transbordador, los astronautas se preparan para aprender más sobre el espacio.

¿Qué es un astronauta?

Un astronauta es una persona que hace viajes al espacio. Los astronautas viajan en transbordadores espaciales.

Los transbordadores espaciales despegan como un cohete y aterrizan como un avión.

Eileen Collins es astronauta. Fue la primera mujer piloto de un transbordador espacial. También fue la primera mujer jefe de un viaje en transbordador espacial.

Ella y cuatro astronautas más trabajaron en equipo. Mientras unos conducían el transbordador, otros hacían experimentos.

¿Cómo viven los astronautas en el espacio?

En el transbordador espacial, los astronautas flotan. Los sacos de dormir se atan a las paredes. Los inodoros tienen un cinturón especial.

Los astronautas hacen ejercicios para estar fuertes. Se dan baños de esponja para mantenerse limpios.

63

¿Por qué viajan al espacio los astronautas?

Los astronautas prueban algunas maneras de vivir y trabajar en un mundo muy diferente al de la Tierra. En el espacio no hay ni arriba ni abajo, ni tampoco hay aire. El sol siempre brilla.

Los astronautas hacen experimentos. Buscan posibles daños y los reparan. Esto hace que los viajes al espacio sean más seguros.

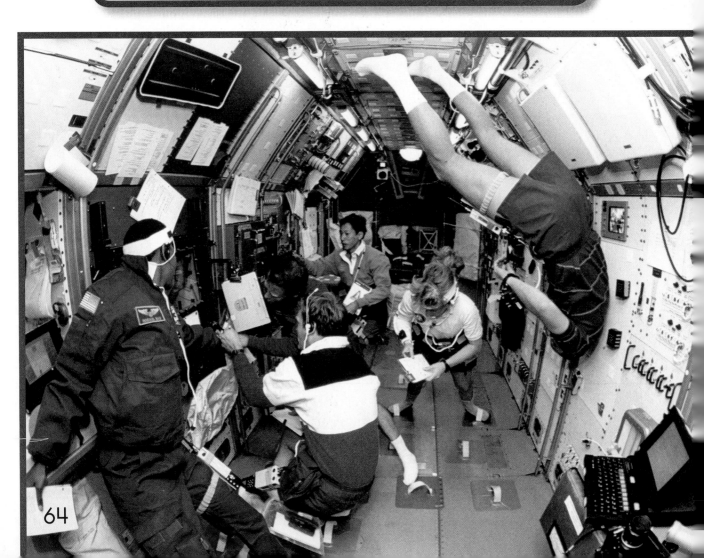

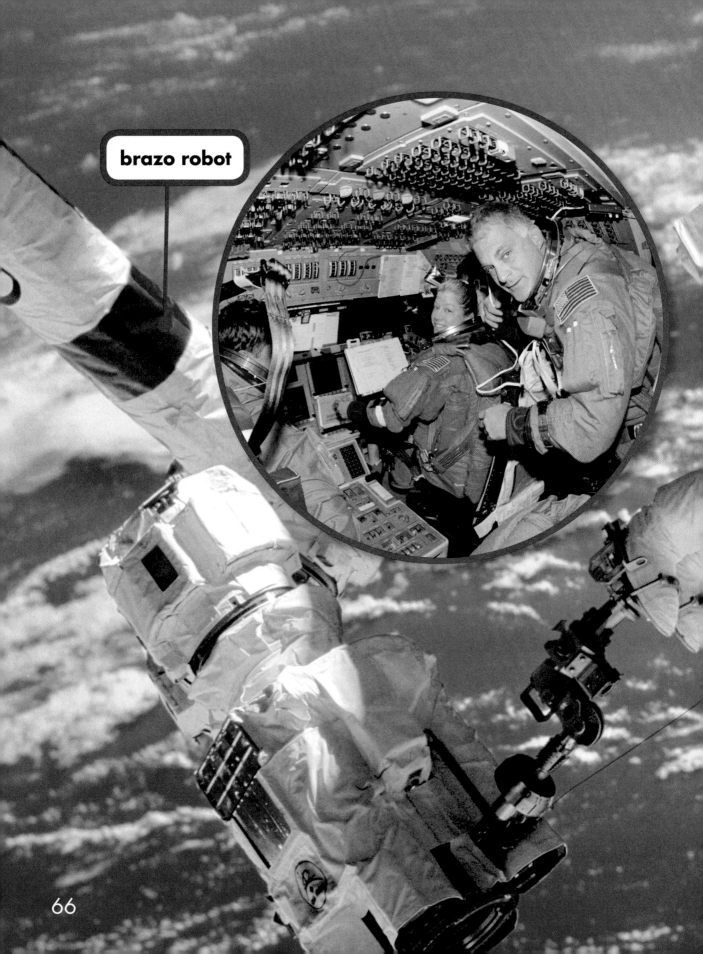

brazo robot

traje espacial

¿Qué herramientas usan los astronautas?

¡Un transbordador espacial es una caja de herramientas gigante! Está lleno de aparatos, como computadoras, que ayudan a los astronautas a conducirlo.

Los astronautas usan brazos robot para mover objetos y personas fuera del transbordador. En sus caminatas por el espacio, usan trajes espaciales para protegerse.

67

telescopio de
rayos X *Chandra*

telescopio de r

transbordador
espacial

El trabajo especial de la tripulación

Eileen Collins y su tripulación debían
hacer un trabajo especial. Tenían que llevar
un telescopio de rayos X al espacio.

Primero, probaron el telescopio. Luego,
movieron algunos interruptores y dejaron que
el telescopio se fuera al espacio. Después, el
telescopio empleó sus propios cohetes y voló
más alto.

¿........ .... los astronautas?

Sí. Hicieron experimentos con plantas y máquinas de ejercicios. Estudiaban cómo es la vida sin gravedad.

Cuando tenían tiempo para descansar, los astronautas miraban por las ventanas. ¡Veían la Tierra a muchas, muchas millas de distancia!

Montañas Rocosas en Colorado

experimento con plantas

69

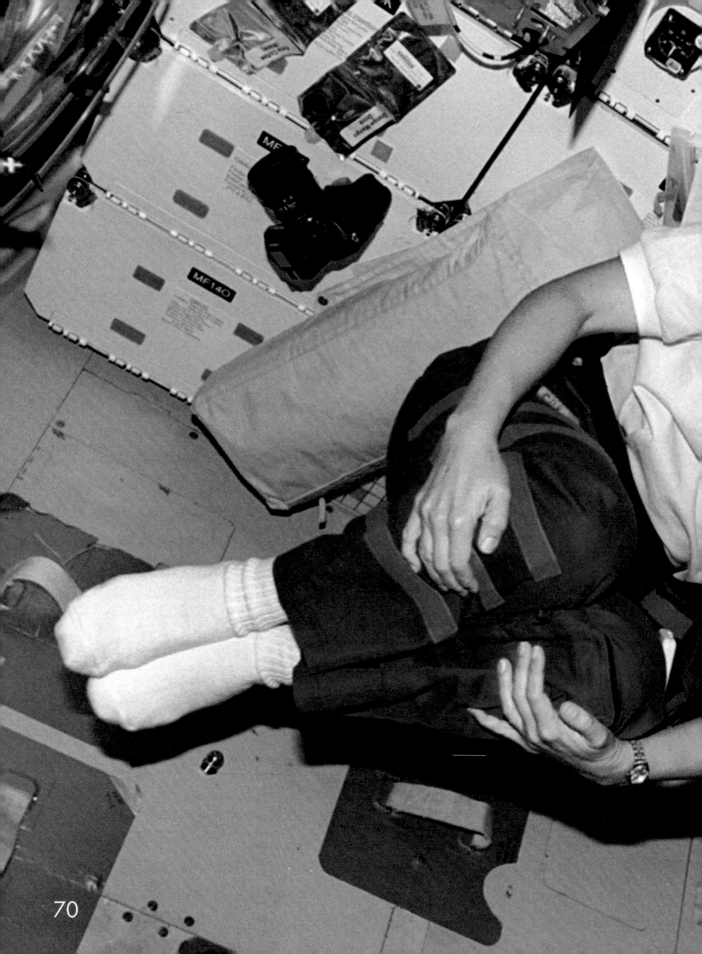

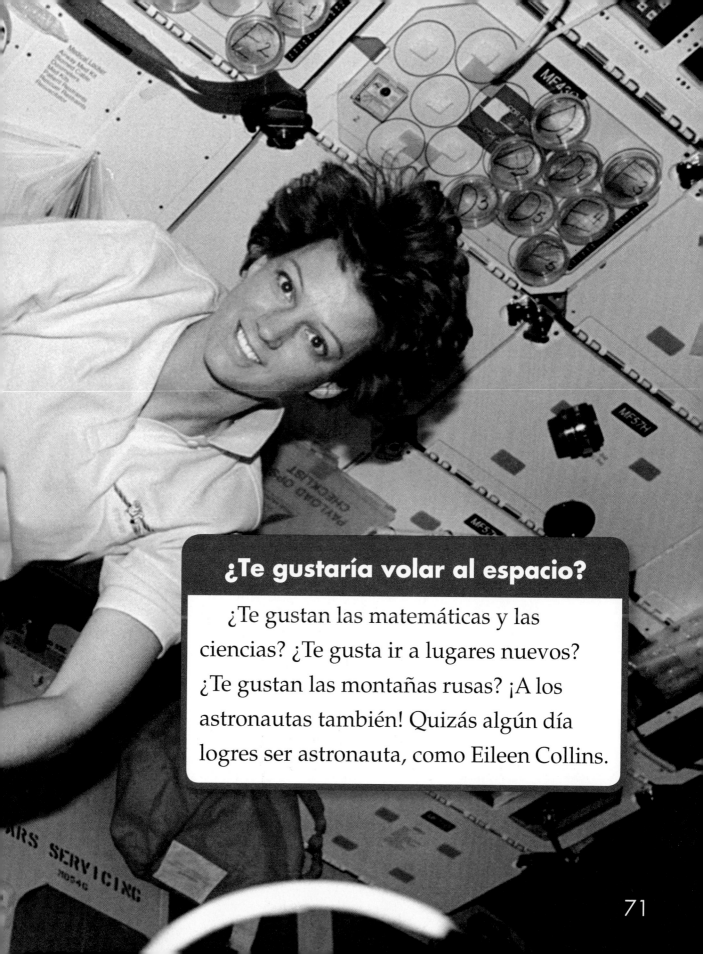

¿Te gustaría volar al espacio?

¿Te gustan las matemáticas y las ciencias? ¿Te gusta ir a lugares nuevos? ¿Te gustan las montañas rusas? ¡A los astronautas también! Quizás algún día logres ser astronauta, como Eileen Collins.

TEKS

2.3.B.8 Localizar detalles de otros textos. **2.13.A.2** Explicar el propósito del autor al escribir el texto. **2.14.A.1** Identificar la idea principal de un texto. **También 2.3.B.2, 2.3.B.4, 2.3.B.9**

¡Imagínalo! | Volver a contar

CALLE DE LA LECTURA EN LÍNEA

ORDENACUENTOS

www.TexasCalledelaLectura.com

Piensa críticamente

1. ¿De qué manera se diferencia el ser un astronauta de otros tipos de trabajo? ¿En qué se parecen?

El texto y el mundo

2. ¿Por qué piensas que el autor te pregunta si te gustaría volar en el espacio? Propósito del autor

3. ¿Qué es lo más importante que el autor quería que supieras? ¿Cuál es la diferencia con el tema? Idea principal

4. Busca el encabezado en una de las páginas. ¿Qué dice el encabezado? ¿De qué manera te ayudan los encabezados mientras lees? Estructura del texto

5. Mira de nuevo y escribe
Mira de nuevo las páginas 68 y 69. ¿Hacen todos los astronautas el mismo trabajo? Da evidencia que apoye tu respuesta.

PRÁCTICA PARA EL EXAMEN Respuesta desarrollada

Patricia J. Murphy

A Patricia Murphy le gusta todo lo que tiene que ver con escribir un libro. Ella dice que comenzar un nuevo libro es "entretenido y asusta". Cuando va por la mitad, sus días se llenan de "aventuras inesperadas y sorpresas (y mucho desorden y trabajo duro)". Cuando termina de escribir un libro, se siente emocionada y un poco triste de haber terminado. ¡Entonces se pone a pensar en su próximo libro!

Patricia J. Murphy es escritora y fotógrafa. Vive en Illinois.

Lee otros libros sobre explorar.

La Banda de Vilacendoi

El flamboyán amarillo

Usa el Registro de lecturas del *Cuaderno de lectores y escritores*, para anotar tus lecturas independientes.

TEKS

2.19.A.1 Escribir composiciones breves acerca de temas de interés para el estudiante.

No ficción expositiva

La **no ficción expositiva** relata hechos acerca de un tema. El modelo del estudiante, en la página siguiente, es un ejemplo de no ficción expositiva.

Instrucciones Piensa qué han aprendido los científicos al explorar el espacio. Ahora escribe un párrafo sobre algo que has aprendido acerca del espacio.

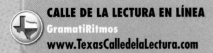

Aspectos principales de un cuento de no ficción expositiva

- da información sobre un tema
- cuenta sobre personas, lugares o sucesos
- usa hechos y detalles

CALLE DE LA LECTURA EN LÍNEA
GramatiRitmos
www.TexasCalledelaLectura.com

Lista del escritor

Recuerda que debes...

☑ contar sobre personas, lugares o sucesos.

☑ usar diferentes tipos de oraciones.

☑ asegurarte de que el sujeto y el verbo concuerden.

Los astronautas en el espacio

Los astronautas que viajan al espacio tienen diferentes trabajos. Algunos conducen la nave espacial y otros hacen experimentos.

Ellos reparan los daños. Estudian cómo es la vida sin gravedad. ¡Ser astronauta es difícil! ¿Tú quieres ser astronauta?

Género:
La **no ficción expositiva** cuenta sobre personas, lugares o sucesos reales.

El **sujeto** y el **verbo** concuerdan.

Característica de la escritura: Oraciones
El escritor usa diferentes tipos de oraciones.

Normas

Sujetos

Recuerda El **sujeto** de una oración dice quién o qué hace algo.

Los astronautas viajan al espacio.

TEKS

2.3.B.2 Hacer preguntas relevantes de otros textos. **2.14.B.1** Localizar los hechos que están claramente especificados en el texto. **2.CL.f.2** Hacer conexiones con las ideas de otros textos.

Ciencias en Lectura

Viaje a un campamento espacial

por Ann Weil

Género
Texto expositivo

- El texto expositivo explica un objeto o una idea.

- El texto expositivo provee hechos y detalles.

- Un artículo con gráficas puede ser un texto expositivo.

- Lee "Viaje a un campamento espacial". Busca los elementos que hacen a este artículo un texto expositivo.

¿Qué se siente al viajar al espacio? ¿Te gustaría saberlo? ¡Tal vez ir a un campamento espacial sea una buena experiencia para ti!

76

Hay todo tipo de campamentos espaciales que puedes probar. Algunos son para adultos, otros son para jóvenes e incluso hay un campamento espacial para niños de 7 años en adelante. Se llama Campamento Espacial para Padres e Hijos. Este campamento se realiza los fines de semana largos. Las familias pueden ir juntas al campamento espacial.

Pensemos...

¿Cuántos años debes tener para asistir al Campamento Espacial para Padres e Hijos?
Texto expositivo

silla de gravedad Y6

En los campamentos espaciales se usan algunas de las máquinas que se emplean para entrenar a los astronautas de verdad. Hay una silla especial que te hace sentir como si caminaras sobre la Luna. Otra silla es como la que usan los astronautas cuando salen de su aeronave para reparar algo. Un tercer tipo de silla te hace sentir como si flotaras en el espacio. Otra máquina te hace girar en círculos y te voltea de cabeza. Además, está el *Space Shot,* o lanzamiento espacial, que te dispara por el aire a una velocidad de 45 a 50 millas por hora. Regresas con la misma velocidad. Antes de terminar, te chocas arriba y abajo unas cuantas veces.

Pensemos...

Esta página cuenta sobre las máquinas que se usan en el Campamento Espacial. Nombra una de las máquinas y explica lo que hace.
Texto expositivo

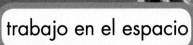
trabajo en el espacio

giro de ejes múltiples

En los campamentos espaciales, todos trabajan en misiones especiales. En esas misiones trabajarás como lo hacen los astronautas reales en el espacio. Puede que debas volar una nave con cohetes. Es todo simulado, por supuesto. En realidad no viajas al espacio, pero se ve y se siente como si fuera de verdad. ¡Y es realmente divertido!

silla de gravedad lunar

Pensemos...

Relacionar lecturas Ambas selecciones tratan sobre astronautas. ¿Qué aprendiste acerca de los astronautas en las selecciones?

Escribir variedad de textos ¿En qué se parece asistir a un campamento espacial a ser un astronauta? ¿En qué se diferencia? Escribe una frase describiendo una semejanza. Escribe otra frase describiendo una diferencia.

TEKS

2.28.A.1 Escuchar atentamente a los hablantes. **2.29.A.2** Comentar información e ideas sobre el tema en discusión, hablando claramente, a un ritmo adecuado y usando las normas del lenguaje apropiadas. **2.30.A.1** Seguir normas conversacionales, incluyendo el escuchar a los demás. **2.30.A.2** Seguir normas conversacionales, incluyendo hablar cuando le toque el turno.

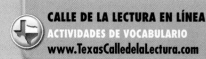

CALLE DE LA LECTURA EN LÍNEA
ACTIVIDADES DE VOCABULARIO
www.TexasCalledelaLectura.com

Vocabulario

Las palabras de posición

indican dónde está algo.

en el cielo   **sobre** el escritorio

¡Practícalo! Lee estas palabras y úsalas en una oración.

arriba   alrededor
sobre   abajo

Fluidez

Leer con precisión

Cuando leas, combina cada palabra que veas. Mira si las palabras nuevas tienen sentido en la oración.

¡Practícalo!

1. El sol es una estrella grande.

2. Los astronautas trabajan en el espacio.

3. Algunas veces la luna se ve como una bola grande.

Escuchar y hablar

Habla claramente. Asegúrate que los demás pueden escucharte.

Ser un buen orador

Cuando hables con otras personas, hazlo despacio y con cuidado. Párate o siéntate derecho. Habla lo suficientemente alto para que los demás te escuchen. Asegúrate de escuchar con atención cuando otras personas hablan.

¡Practícalo! Di a tu clase qué foto te gustó más de *Exploremos el espacio con una astronauta*. Explica porqué te gustó la foto. Cuando llegue tu turno, habla claramente. Escucha con atención cuando otras personas hablan.

Sugerencias

Escuchar...

• Escucha a cada orador.

Hablar...

• Comparte información y tus ideas sobre el tema.

Trabajar en equipo...

• Espera tu turno para hablar.

TEKS

2.28.A Escuchar atentamente a los hablantes, formulando preguntas para aclarar la información.
2.29.A Comentar información e ideas sobre el tema en discusión, hablando claramente, a un ritmo adecuado y usando las normas del lenguaje pertinentes.

Vocabulario Oral

Hablemos sobre

La exploración de la naturaleza

- Comenta la información sobre la exploración de la naturaleza.

- Comenta tus ideas sobre la exploración de la naturaleza.

CALLE DE LA LECTURA EN LÍNEA
VIDEO DE HABLAR DEL CONCEPTO
www.TexasCalledelaLectura.com

TEKS

★ Generar oralmente una serie de palabras originales que rimen, usando una variedad de terminaciones.
★ Reconocer el cambio en una palabra hablada al cambiar un fonema o una sílaba.

Conciencia fonológica

Escuchemos

Sonidos

- Busca tres cosas que empiecen con el sonido /k/, como *casa*.

- Busca algunas palabras con sílabas que se pueden cambiar para formar una nueva palabra, como *casa* y *capa*.

- Di palabras que rimen con cosas que ves en la ilustración, como *bola* y *cola*.

CALLE DE LA LECTURA EN LÍNEA
TARJETAS DE SONIDOS Y GRAFÍAS
www.TexasCalledelaLectura.com

84

TEKS

2.2.D.1 Familiarizarse con palabras que tengan las sílabas que-, qui-como en queso y quito. **2.2.E.1** Decodificar palabras que tengan los mismos sonidos representados por diferentes letras, con mayor precisión.
2.5 Comprender el vocabulario nuevo y utilizarlo al leer.

¡Imagínalo! Sonidos y sílabas

coco

/k/

koala

/k/

queso

/k/

CALLE DE LA LECTURA EN LÍNEA
TARJETAS DE SONIDOS Y GRAFÍAS
www.TexasCalledelaLectura.com

Fonética

Palabras con *c, q, k*

Sonidos y sílabas que puedo combinar

c a n a s t a

e s t a n q u e

k o a l a

b o s q u e

c o l i n a

Oraciones que puedo leer

1. El koala duerme muchas horas al día.

2. Hay una colina antes de llegar al estanque.

3. María llevó una canasta con comida para el paseo en el bosque.

¡Ya puedo leer!

Ayer fue el cumpleaños de mi abuelo Lalo. Mis tíos planearon una reunión especial con toda la familia. Todos trajeron mucha comida deliciosa. ¡En realidad fue un verdadero banquete! Antes de llegar, nos detuvimos para comprar el pastel favorito de mi abuelo y casi se nos hizo tarde. Cuando salimos de la pastelería, una de las llantas del carro estaba ponchada. Por fortuna mi papá siempre está preparado y de inmediato cambió la llanta. En la fiesta, todos bailamos y mi abuelo también cantó un poquito. ¡Fue un día muy divertido!

Has aprendido

- palabras con *c*
- palabras con *q*
- palabras con *k*

Palabras de uso frecuente

ayer   comida   llegar   casi
carro   siempre

87

Henry y Mudge

y la noche estrellada

por Cynthia Rylant
ilustrado por Suçie Stevenson

Género

La **ficción realista** cuenta sucesos inventados que podrían ocurrir en la vida real. Ahora leerás sobre un viaje que hacen Henry y su perro Mudge.

Pregunta de la semana

¿Qué podemos aprender al explorar la naturaleza?

Contenido

El lago Gran Oso

En agosto, Henry y su enorme perro,
Mudge, van siempre a acampar. Van con
los padres de Henry.

La mamá de Henry
fue niña exploradora,
así que sabía todo
sobre acampar.

Ella sabía cómo armar una tienda.

También sabía cómo hacer una hoguera y cocinar comida de campamento.

El papá de Henry no sabía nada sobre acampar. Sólo llevaba su guitarra y una sonrisa.

A Henry y a Mudge les encantaba acampar. Este año iban a ir al lago Gran Oso, y Henry tenía muchas ganas de llegar.

—Veremos ciervos, Mudge —dijo Henry.

Y Mudge meneó la cola.

—Veremos mapaches —dijo Henry.

Y Mudge jaló la mano de Henry.

—Tal vez hasta veamos un *oso* —dijo Henry. Henry no estaba muy seguro de querer ver un oso. Tiritó y abrazó a Mudge.

Mudge dio un bostezo grande, lento y *ruidoso*, y le babeó el pie a Henry. Henry se rió nerviosamente.

—Ningún oso *nos* va a atrapar, Mudge —dijo Henry—. ¡Somos demasiado *escurridizos!*

Una caminata muy olorosa

Henry y Mudge y los padres de Henry llegaron al lago Gran Oso. Estacionaron el carro y se prepararon para salir de excursión.

Todos llevaban una mochila, incluso Mudge. (En la de él había muchas galletas saladas.) La mamá de Henry dijo: "¡Vamos!" Y partieron.

Caminaron y caminaron, y escalaron y escalaron.
Era hermoso.

Henry vio un pez saltando en un arroyo. Vio una
cierva con su cervatillo. Vio cascadas y un arco iris.

Mudge no vio casi nada. Él olfateaba todo. A Mudge le encantaba ir de excursión y olfatear. Olfateó un mapache de ayer. Olfateó un ciervo de la noche anterior.

Olfateó una galleta de avena en el bolsillo de atrás de Henry.

—¡Mudge! —rió Henry y le dio la galleta.

Finalmente, la mamá de Henry eligió un buen lugar para acampar.

Los padres de Henry armaron la tienda. Henry desempacó la comida, las vasijas y los faroles. Mudge desempacó un sándwich de jamón. Por fin, el campamento estaba casi listo. Sólo faltaba una cosa:

—¿Quién se sabe la letra de "Cielito lindo"? —dijo el papá de Henry, mientras sonreía y sacaba su guitarra. Henry miró a Mudge y refunfuñó.

Sueños verdes

Era una noche hermosa.

Henry y sus padres se acostaron junto a la hoguera y miraban el cielo. Henry no sabía que había tantas estrellas en el cielo.

—Ahí está la Osa Mayor —dijo la mamá de Henry.

—Ahí está la Osa Menor —dijo Henry.

—Ahí está E. T. —dijo el papá de Henry.

Mudge no miraba las estrellas. Estaba royendo un tronco. No había troncos tan buenos cerca de la casa. A Mudge le encantaba acampar.

El papá de Henry cantó otra canción romántica,
y después todos entraron a la tienda para dormir.
El papá y la mamá de Henry se metieron en la cama.
Lo mismo hicieron Henry y Mudge.

Todo estaba calmado y silencioso. Todos dormían tranquilos. No había osos ni nada peligroso. Sólo el aroma puro de los árboles … y maravillosos sueños verdes.

TEKS

2.13.A.2 Explicar el propósito del autor al escribir el texto. **2.19.C.1** Escribir comentarios breves acerca de textos literarios. **2.CL1.E.1** Volver a contar los sucesos importantes en los cuentos, en un orden lógico. **2.CL1.F.3** Hacer conexiones con la comunidad más grande.

¡Imagínalo! | Volver a contar

CALLE DE LA LECTURA EN LÍNEA
ORDENACUENTOS
www.TexasCalledelaLectura.com

Piensa críticamente

1. ¿Preferirías acampar con la mamá de Henry o con el papá de Henry? Explica tu respuesta. **El texto y tú**

2. ¿Qué piensa el autor sobre acampar? ¿Cómo lo sabes? **Propósito del autor**

3. ¿Cuál es el ambiente del cuento? ¿Cuáles son algunas cosas que los personajes ven y huelen en este ambiente?

   Elementos literarios: Personaje y ambiente

4. Usa las imágenes que hay en esta página para volver a contar el cuento. **Estructura del cuento**

5. Mira de nuevo y escribe
   Mira de nuevo la página 101. ¿Qué son la Osa Mayor y la Osa Menor? Da evidencia que apoye tu respuesta.

   PRÁCTICA PARA EL EXAMEN | Respuesta desarrollada

104

Conoce a la autora y a la ilustradora

Cynthia Rylant

Cynthia Rylant no leyó muchos libros cuando era joven. En su pueblo no había bibliotecas.

Cuando terminó la Universidad, Cynthia trabajó en una biblioteca. "En pocas semanas, me enamoré de los libros para niños", dice. ¡Ha escrito más de 60 libros!

Suçie Stevenson

Suçie Stevenson ha dibujado las ilustraciones de la mayoría de los libros de Henry y Mudge. Para dibujar a Mudge, se inspira en Jake, el perro gran danés de su hermano.

Lee otros libros sobre explorar.

Un paseo al campo

La noche

Registro de lecturas

Usa el Registro de lecturas del *Cuaderno de lectores y escritores*, para anotar tus lecturas independientes.

TEKS

2.17.A.1 Hacer un plan para un primer borrador generando ideas para escribir (ej., dibujando). **2.18.A.1** Escribir cuentos breves que incluyan un principio. **2.18.A.2** Escribir cuentos breves que incluyan un medio. **2.18.A.3** Escribir cuentos breves que incluyan un final.

¡Escribamos!

Aspectos principales de un cuento de ficción realista

- cuenta sobre personas y sucesos inventados

- los sucesos del cuento realmente podrían pasar

- el cuento tiene un principio, un medio y un final

CALLE DE LA LECTURA EN LÍNEA
GramatiRitmos
www.TexasCalledelaLectura.com

Ficción realista

Un cuento de **ficción realista** cuenta sobre sucesos inventados que realmente podrían pasar. El modelo del estudiante, es un ejemplo de cuento de ficción realista.

Instrucciones Piensa en algunas cosas que se pueden descubrir en la naturaleza. Escribe un cuento de ficción realista acerca de un niño que descubre algo fuera de su casa.

Lista del escritor

Recuerda que debes...

☑ contar sucesos que podrían pasar en la vida real.

☑ escribir un principio, un medio y un final.

☑ escribir oraciones completas, que tengan predicado.

Un día en la playa

Luke fue a la playa un día muy caluroso de verano. Se metió en el agua fría y jugó con las olas. Excavó la arena tibia.

Luke descubrió un pozo con muchas estrellas de mar. Decidió no tocarlas.

Luke **encontró una piedra suave.** Se llevó la piedra a su casa como recuerdo de ese día.

Género:
Un cuento de **ficción realista** sucede en un ambiente que parece real.

Cada oración tiene un **predicado.**

Característica de la escritura: Organización
El cuento tiene un principio, un medio y un **final.**

Normas

Predicados

Recuerda El predicado dice lo que el sujeto de la oración hace o es.

Henry **vio un pez.**

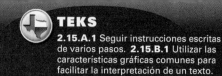

TEKS

2.15.A.1 Seguir instrucciones escritas de varios pasos. **2.15.B.1** Utilizar las características gráficas comunes para facilitar la interpretación de un texto.

Ciencias en Lectura

Género
Texto de procedimiento

- El texto de procedimiento dice cómo hacer algo paso a paso.
- El texto de procedimiento usualmente tiene gráficas que sirven de ayuda para decir cómo hacer algo.
- Lee "Cómo hacer un S'more". Mira los elementos del texto de procedimiento.

Cómo hacer un S'more

Nadie sabe quién creó este manjar, pero la más antigua receta de S'more se encuentra en el manual de Girl Scouts de 1927. En inglés S'more es una contracción de "some more", que significa "dame más". El S'more tradicional se hace con pastillas de altea, galletas graham y algunos pedazos de chocolate.

Por favor, pide ayuda a un adulto para preparar en casa esta deliciosa merienda para excursiones.

Lo que necesitas:

microondas

1 galleta graham entera

1 pastilla de altea

Mitad de una barra de chocolate

108

Paso 1 Parte la galleta graham en mitades.

Pensemos...

Mira los pies de ilustración de la página 108. ¿Cómo te ayudan a seguir los pasos? **Texto de procedimiento**

Paso 2 Coloca el chocolate sobre una de las mitades de la galleta graham.

Paso 3 Coloca la pastilla de altea encima del chocolate.

Pensemos...

Mira las ilustraciones de la página. ¿Cómo te ayudan a seguir los pasos? **Texto de procedimiento**

Paso 4 Colócala en un plato, pide a un adulto que la caliente en el microondas en HIGH durante 10 a 15 segundos.

Pensemos...

¿Por qué el autor pide que sea un adulto quien hace la pastilla de altea?

Texto de procedimiento

Paso 5 Una vez terminado, pide al adulto que la saque del microondas y la deje enfriar por unos segundos.

Paso 6 Coloca la otra mitad de la galleta graham encima de la pastilla de altea.

110

Paso 7 Deja que se enfríe y disfrútalo como si lo hubieras hecho en la fogata de un campamento.

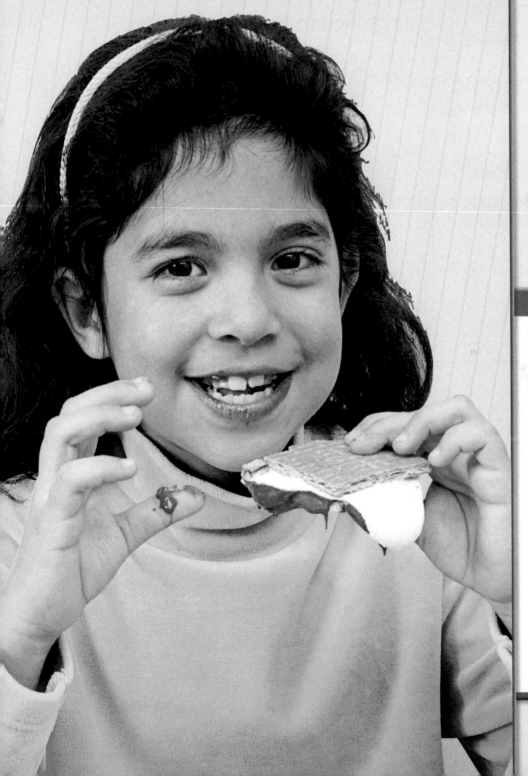

Pensemos...

Relacionar lecturas *Henry y Mudge y la noche estrellada* y "Cómo hacer un S'more" muestran cosas divertidas para hacer cuando se acampa. ¿Piensas que Henry y su familia harían S'more mientras acampan?

Escribir variedad de textos Escribe una lista de cosas que te gustaría hacer durante una excursión.

111

CALLE DE LA LECTURA EN LÍNEA
ACTIVIDADES DE VOCABULARIO
www.TexasCalledelaLectura.com

Vocabulario

Un **sinónimo** es una palabra que tiene el mismo o casi el mismo significado que otra palabra.

Grande es un sinónimo de *enorme*.

grande · enorme

¡Practícalo! Escribe cada palabra e identifica su sinónimo. Luego escribe oraciones usando los sinónimos.

1. empezar

2. pequeño

3. bonito

4. lanzar

Lectura y medios de comunicación

Nota cómo los medios de comunicación pueden informar o entretener.

Reconocer diferentes propósitos de los medios de comunicación

Los medios de comunicación son una manera de comunicarse con muchas personas a la vez. Los medios presentan hechos o noticias. También nos entretienen. Los periódicos por Internet son medios de comunicación. La televisión también es un medio de comunicación.

¡Practícalo! Menciona un medio de comunicación. Comenta con la clase acerca de un hecho que aprendiste gracias a ese medio. Procura hablar claramente. Después comenta sobre un medio de comunicación que te entretuvo y el porqué.

Fluidez

Leer con precisión y ritmo apropiado Lee en voz alta todas las palabras. No leas demasiado rápido ni demasiado lento.

¡Practícalo!

1. A ella le gusta acampar.
2. El explorador vio huellas de animal en el camino.

Vocabulario Oral

Hablemos sobre

Preparación para observar la naturaleza

- Comenta la información sobre cómo prepararse para observar la naturaleza.

- Comenta tus ideas sobre el equipo correcto para observar la naturaleza.

CALLE DE LA LECTURA EN LÍNEA
VIDEO DE HABLAR DEL CONCEPTO
www.TexasCalledelaLectura.com

Conciencia fonológica

Escuchemos

Sonidos

- Busca cosas con sílabas que tengan el sonido /j/, como *juega*.

- Busca algunas palabras con sílabas que se pueden cambiar para formar una nueva palabra, como *caja* y *roja*.

- Di palabras que rimen con cosas que ves en la ilustración, como *barra* y *jarra*.

CALLE DE LA LECTURA EN LÍNEA
TARJETAS DE SONIDOS Y GRAFÍAS
www.TexasCalledelaLectura.com

17

TEKS

2.2.E.1 Decodificar palabras que tengan los mismos sonidos representados por diferentes letras, con mayor precisión. **2.5** Comprender el vocabulario nuevo y utilizarlo al leer.

¡Imagínalo! Sonidos y sílabas

jabón

/j/

México

/j/

girasol

/j/

Fonética

🎯 Palabras con *j, g, x*

Sonidos y sílabas que puedo combinar

M é x i c o

j a b a l í

g i g a n t e

p á g i n a

d i b u j o

Oraciones que puedo leer

1. Marisa hizo un dibujo de un gigante en un castillo.

2. En esta página hay un mapa de México.

3. El jabalí es un animal muy parecido al cerdo.

¡Ya puedo leer!

En el campo puedo hacer cosas muy diferentes a las que hago en la ciudad. Puedo sentarme a la sombra de un árbol y tomar una siesta. Puedo escuchar el canto de los pájaros. Puedo ver como producen miel dulce las abejas. Puedo darle de comer a los animales de granja tales como a los cerdos o a las gallinas. Puedo cortar frutas como naranjas, manzanas o duraznos. Puedo observar y coleccionar diferente tipos de hojas ¡Pero lo que más me gusta hacer es treparme a las ramas de los árboles!

Has aprendido

- palabras con *j*
- palabras con *g*
- palabras con *x*

Palabras de uso frecuente

sombra pájaros dulce abejas
animales naranjas hojas
ramas

Árboles
por todas partes

por Rosanela Álvarez

fotografías de Jill Hartley

ilustraciones de Leonel Sagahón

Género

El **texto expositivo** presenta hechos acerca de un tema. Busca hechos sobre los árboles.

Pregunta de la semana

¿Cómo nos podemos preparar para observar la naturaleza?

Seguramente un día te has sentado a descansar a la sombra de un árbol; posiblemente has trepado en alguno o te has columpiado en una cuerda amarrada a una rama muy fuerte. Es casi seguro que has visto algún pájaro posado en una rama o una lagartija trepar por un tronco.

Los árboles están vivos, así que —como los animales y los humanos— también respiran y se alimentan. Los árboles nacen de una semilla.

Las ramas y las hojas del árbol forman la copa, la parte más alta del árbol. Por las hojas, el árbol respira.

El tronco sostiene las ramas y hojas. El tronco está cubierto por la corteza, que es como la piel que lo protege.

Las raíces toman el agua y los nutrientes de la tierra.

El fruto del naranjo cambia del verde al amarillo y de éste al naranja; se suele comer cuando está fresco, en gajos y como jugo, pero también se utiliza para preparar conservas y mermeladas.

La flor de azahar

El naranjo

Un árbol cítrico

Este árbol, muy conocido por el jugo que bebemos de sus frutos, es originario del sur de China. Actualmente es cultivado en muchos países del mundo, en climas donde no hace mucho frío.

El naranjo tiene copa redonda, con hojas brillantes de forma ovalada, y no llega a ser muy alto. A su flor pequeña y blanca, muy perfumada, se le llama azahar.

El tronco es delgado y suele dividirse en ramas menores.

Las hojas

Los frutos

Las ramas

El guayabo crece en
regiones tropicales
de América.

Los frutos

El guayabo

Un árbol de fruto delicioso

La guayaba, fruto rico en vitamina C, es redonda, lisa y amarilla. A veces, la piel de la guayaba presenta pequeños puntos rojos, como pecas.

En su interior este fruto guarda numerosas semillas blancas. Es muy aromático y de sabor dulce y fuerte.

El tronco del guayabo es liso y se divide en muchos brazos retorcidos que forman las ramas. La delgada corteza se desprende del tronco en rollitos, después de la temporada de lluvias.

Las hojas

La corteza

127

Tulipán de la India
Un árbol florido

El tulipán de la India crece en lugares cálidos. Puede llegar a ser muy alto y frondoso. Sus flores tienen pétalos grandes, de color naranja encendido, y entre ellos asoman los pistilos y los estambres.

Las semillas del tulipán son puntiagudas, con forma de pequeñas espadas.

Con el néctar de las flores se alimentan aves como el colibrí o insectos como la abeja.

La flor

Las hojas del tulipán tienen nervaduras muy visibles. Por esas pequeñas venitas llega el alimento y el agua desde la raíz del árbol a las hojas.

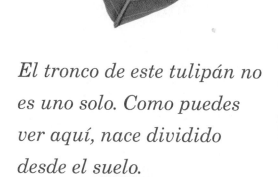

El tronco de este tulipán no es uno solo. Como puedes ver aquí, nace dividido desde el suelo.

El colorín

Un árbol con estuches

El colorín, originario de México, es un árbol de copa redonda con hojas en forma de corazón que caen durante el otoño.

Sus semillas son frijolitos de color rojo que permanecen por un tiempo en el árbol dentro de vainas. Estas vainas son una especie de estuches cerrados en donde las semillas se desarrollan. Cuando los frijolitos están maduros, la vaina que los encierra se seca y se abre por los dos lados, para que las semillas salgan y se rieguen en el suelo.

La hoja

La flor

Los pétalos rojos de estas flores pueden cocinarse.

La corteza

Las semillas

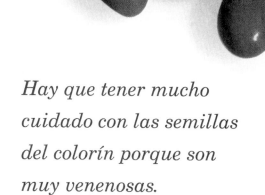

Hay que tener mucho cuidado con las semillas del colorín porque son muy venenosas.

131

Los árboles están por todas partes.
Podemos encontrarlos en el campo, en los
parques, en las playas, en las selvas, en los
desiertos, en lo alto de montañas,
junto a ríos y lagos, en las calles, en
algunas casas y también en los patios
de las escuelas.

Hay árboles que nos regalan sus frutos,
sus flores o sus hojas para alimentarnos.
Algunos tienen maderas que utilizamos para
construir cosas; otros tienen sustancias que
ayudan a curar enfermedades. Todos limpian
el aire que respiramos y ayudan a atraer las
lluvias, que riegan la tierra. Los árboles, además,
embellecen nuestros paisajes.

Todos los árboles que conociste en este libro
viven en México.

TEKS

2.3.B.5 Localizar hechos de los cuentos. **2.3.B.7** Localizar detalles de los cuentos. **2.3.B.8** Localizar detalles de otros textos. **2.14.A.1** Identificar la idea principal de un texto.
También 2.12.A.1, 2.3.B.3, 2.13.A.2

¡Imagínalo! | Volver a contar

CALLE DE LA LECTURA EN LÍNEA
ORDENACUENTOS
www.TexasCalledelaLectura.com

Piensa críticamente

1. ¿Cómo son los árboles de tu vecindario? ¿Se parecen a alguno de los árboles del cuento?

El texto y el mundo

2. ¿Por qué te parece que la autora escribió sobre estos árboles?

Propósito del autor

3. ¿Cuál es la idea principal de *Árboles por todas partes*? ¿En qué se diferencian la idea principal y el tema?

Idea principal y detalles

4. ¿Cuál es la idea importante en la página 122? ¿Qué hechos y qué detalles apoyan esta idea?

Ideas importantes

5. Mira de nuevo y escribe
Vuelve a mirar la página 132. ¿Por qué son importantes los árboles? Escribe sobre eso.

PRÁCTICA PARA EL EXAMEN | Respuesta desarrollada

Rosanela Álvarez

Rosanela Álvarez dice que lo que más le gusta en el mundo es escribir cuentos para niños. Muchos de los cuentos de esta escritora mexicana están basados en sus recuerdos de la infancia. Para escribir sus artículos y textos expositivos, observa la realidad atentamente y toma notas en una libreta.

Leonel Sagahón

Leonel Sagahón es un ilustrador y diseñador gráfico mexicano. Leonel ha diseñado numerosos carteles y libros, y le han dado importantes premios en Europa y en América.

Lee otros libros sobre árboles.

Usa el Registro de lecturas del *Cuaderno de lectores y escritores,* para anotar tus lecturas independientes.

135

TEKS

2.19.A.1 Escribir composiciones breves acerca de temas de interés para el estudiante. **2.21.B.1** Distinguir las oraciones enunciativas. **2.21.B.2** Distinguir las oraciones interrogativas. **2.22.D.2** Utilizar los signos de puntuación, entre ellos, la puntuación al comienzo y al final de la oración.

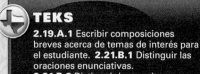

Aspectos principales de un informe breve

- es un artículo informativo corto
- incluye hechos y detalles sobre un tema de la vida real
- presenta la información en forma organizada

CALLE DE LA LECTURA EN LÍNEA
GramatiRitmos
www.TexasCalledelaLectura.com

Escritura expositiva

Informe breve

Un informe breve es un artículo informativo corto. Usa hechos y detalles. El modelo del estudiante, en la página siguiente, es un ejemplo de informe breve.

Instrucciones Piensa en tu vecindario. Escribe un informe sobre quién y qué vive allí.

Lista del escritor

Recuerda que debes...

☑ organizar la información sobre tu tema.

☑ incluir hechos y detalles en tu informe.

☑ usar palabras descriptivas.

☑ usar oraciones enunciativas e interrogativas.

Mi vecindario

Mi vecindario tiene un parque grande y nuestra escuela de ladrillos rojos, la Escuela Norte. Por aquí viven personas, animales y plantas.

El parque tiene árboles altos y hermosos. ¿Qué más vive en mi vecindario? Hay muchos pájaros que hacen sus nidos en los árboles. La gente camina por el parque. Hay un campo de futbol. Los niños juegan ahí después de la escuela.

Género:
Un **informe** incluye hechos.

Característica de la escritura: Lenguaje: El escritor usa palabras descriptivas expresivas.

El escritor incluye **oraciones interrogativas**, así como **oraciones enunciativas.**

Normas

Tipos de oraciones

Recuerda Las **oraciones enunciativas** terminan con un punto. Una **oración interrogativa** comienza y termina con un signo de interrogación (¿?).

137

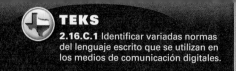

TEKS

2.16.C.1 Identificar variadas normas del lenguaje escrito que se utilizan en los medios de comunicación digitales.

Destrezas del siglo XXI
EXPERTO EN INTERNET

¿Puedes confiar en lo que lees en el Internet? Siempre deberías averiguar quién lo escribió. ¿Puedes tener confianza en esa persona? ¿Cómo sabes? Es muy importante verificar cada vez.

- Puedes encontrar información rápidamente usando fuentes de referencia en línea.

- Las fuentes de referencia en línea pueden tener enlaces a otros sitios en Internet con más información.

- Las direcciones de sitios que terminan con *.gov* o *.edu* tienen muy a menudo información útil.

- Lee "Rocas y fósiles". Usa el texto y las ilustraciones para aprender sobre las fuentes de referencia en línea.

Rocas y fósiles

Después de leer *Árboles por todas partes*, Félix se pregunta: ¿Cómo es la tierra en la que crecen las plantas? ¿Cómo se forma? Félix le pide permiso a su mamá para investigar en Internet. Abre su buscador en Internet y escribe las palabras "suelo" y "árboles".

Félix encuentra varios tipos de fuentes de información: atlas, almanaques, diccionarios y enciclopedias, entre otros. También aparecen otros enlaces. Hace clic en el enlace formación del suelo. Se abre una nueva página web.

File   Edit   View   Favorites   Tools   Help

http://url.aquí

Resultados de la búsqueda: formación del suelo

- El suelo y los árboles
- Formación del suelo
- Los árboles y la erosión

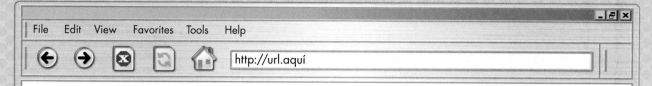

Formación del suelo

El suelo en el que crecen las plantas está formado por minerales, agua y restos de animales y plantas en descomposición. Los minerales provienen de rocas que se deshacen por la acción del agua, el frío y el calor. Con el paso del tiempo, esos minerales sueltos pueden juntarse de nuevo y volver a formar distintos tipos de rocas.

Félix sabe que el texto subrayado dentro de un párrafo suele ser un enlace. Hace clic en tipos de rocas y se abre otra página.

suelo

subsuelo

fragmentos de roca

lecho de roca

Rocas volcánicas

Los volcanes arrojan lava.
La lava es roca líquida muy
caliente que, al enfriarse, forma
las rocas volcánicas.

Rocas sedimentarias

Las rocas sedimentarias
están formadas por materiales
sueltos y restos de plantas y
animales. La caliza es un tipo
de roca sedimentaria donde
se forman la mayoría de los
fósiles.

Rocas metamórficas

Las rocas sedimentarias se
acumulan en capas. El peso y el
calor las transforman en rocas
metamórficas como el mármol.

Félix ve que la palabra
"fósiles" es un enlace. Hace
clic allí para investigar.

Fósiles

Los fósiles son restos de plantas y animales que se conservan en las rocas sedimentarias. Los científicos pueden aprender mucho sobre la historia del planeta al estudiar estos fósiles.

Por todo lo aprendido, Félix decide seguir investigando hasta encontrar todo lo que quiere saber.

para más práctica

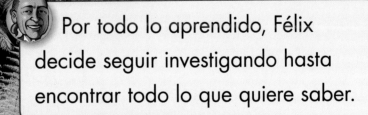

Busca en línea
www.TexasCalledelaLectura.com
Usa las fuentes de referencia en línea cómo ayuda para aprender más sobre rocas y fósiles.

Destrezas del siglo XXI: Actividad en línea
Ingresa y sigue paso a paso las instrucciones para evaluar las fuentes de referencia en línea que hallas.

141

TEKS

2.4.A.1 Leer textos adecuados al nivel del grado, en voz alta y con precisión. **2.5.D.1** Poner en orden alfabético una serie de palabras. **2.28.A.1** Escuchar atentamente a los hablantes. **2.29.A.1** Comentar información sobre el tema en discusión. **2.29.A.2** Comentar información hablando claramente, a un ritmo adecuado y usando las normas del lenguaje apropiadas. **También 2.1.A.1, 2.30.A.1, 2.30.A.2.**

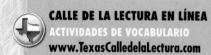

CALLE DE LA LECTURA EN LÍNEA
ACTIVIDADES DE VOCABULARIO
www.TexasCalledelaLectura.com

Vocabulario

Poner en orden alfabético

significa ordenar palabras según el orden de las letras del alfabeto. Pon las palabras en orden alfabético según la primera letra. Si dos palabras empiezan con la misma letra, mira la segunda letra.

¡Practícalo! Lee estas palabras y úsalas en una oración. Escríbelas en orden alfabético según la segunda letra.

dona desierto dama duende

Fluidez

Leer con expresión apropiada Cuando leas, detente por un momento cuando veas un signo de interrogación o un punto. Luego, comienza a leer de nuevo.

¡Practícalo!

1. ¿Quién pintó este cuadro? Yo lo pinté.

2. ¿Te gusta acampar? A mí me gusta acampar.

142

Escuchar y hablar

Pon los sucesos en orden cuando vuelvas a contar un cuento.

Narrar en secuencia

Para volver a contar un cuento, cuenta en orden lo que le pasó a los personajes. Cuenta lo que sucedió al principio, en el medio y al final. Habla claramente. No hables demasiado rápido.

¡Practícalo! Vuelve a contar el cuento *Árboles por todas partes.* Cuenta lo que sucedió al principio, en el medio y al final del cuento. Mira los dibujos como ayuda para volver a contar el cuento. Espera tu turno para hablar.

Sugerencias

Escuchar...
- Escucha atentamente cuando otras personas hablan.

Hablar...
- Haz contacto visual cuando hablas.

Trabajar en equipo...
- Habla solamente cuando sea tu turno.

143

TEKS

2.28.A Escuchar atentamente a los hablantes, formulando preguntas para aclarar la información.

2.29.A Comentar información e ideas sobre el tema en discusión, hablando claramente, a un ritmo adecuado y usando las normas del lenguaje pertinentes.

Vocabulario Oral

Hablemos sobre

La exploración de respuestas

- Comenta la información sobre la exploración de nuevos lugares.

- Comenta tus ideas sobre el pedir ayuda a otros.

CALLE DE LA LECTURA EN LÍNEA
VIDEO DE HABLAR DEL CONCEPTO
www.TexasCalledelaLectura.com

Conciencia fonológica

Escuchemos

Sonidos

- Busca tres cosas con sílabas que tengan el sonido /g/, como *hormiga*.

- Busca algunas palabras con sílabas que se puedan cambiar para formar una nueva palabra, como *gato* y *garra*.

- Busca cuatro pares de palabras que rimen como *garra* y *perra*.

CALLE DE LA LECTURA EN LÍNEA
TARJETAS DE SONIDOS Y GRAFÍAS
www.TexasCalledelaLectura.com

146

TEKS

2.2.D.2 Familiarizarse con palabras que tengan las sílabas gue-, gui- como en juguete y guiso. **2.5** Comprender el vocabulario nuevo y utilizarlo al leer.

¡Imagínalo! | Sonidos y sílabas

gorila

/g/

guitarra

/g/

CALLE DE LA LECTURA EN LÍNEA
TARJETAS DE SONIDOS Y GRAFÍAS
www.TexasCalledelaLectura.com

Fonética

Palabras con *ga, go, gu, gue, gui*

Sonidos y sílabas que puedo combinar

g u i s a d o

m a n g u e r a

f o g a t a

g a f a s

g u s t o s o

Oraciones que puedo leer

1. Algunas personas usan gafas para leer.

2. Manuel se comió gustoso su guisado.

3. El bombero apagó la fogata usando la manguera de su camión.

¡Ya puedo leer!

Camino a la escuela, Miguel sintió que algo le cayó encima de su mochila. Iba deprisa y llevaba cargando su proyecto de ciencias. Como no podía ver lo que era, se imaginó muchas cosas. Quizá era parte de las nubes. No, eso no era posible. ¡Quizá era fuego! No, tampoco. ¡Vaya sorpresa que se llevó! ¿Cómo le fue a caer un pajarito? El maestro le explicó que a veces los pájaros que aún no saben volar se caen de su nido, y que debía buscar la manera de regresarlo. Y así lo hizo.

Has aprendido

- Palabras con *ga*
- palabras con *go*
- palabras con *gu*
- palabras con *gue*
- palabras con *gui*

Palabras de uso frecuente
algo nubes fuego caer
nido manera

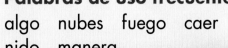

El más fuerte de todos

narrada como obra de teatro
de *Levantemos el cielo*
por Joseph Bruchac
ilustrada por David Díaz

¿Cómo hallamos respuestas por medio de la exploración?

Género

La **obra de teatro** es un cuento escrito para ser representado por actores. Ahora leerás una obra de teatro sobre una hormiga que quiere saber quién es el más fuerte.

Personajes:

NARRADOR	EL RATÓN
HORMIGUITA ROJA	EL GATO
SEGUNDA HORMIGA	EL PALO
TERCERA HORMIGA	EL FUEGO
CUARTA HORMIGA	EL AGUA
LA NIEVE	EL VENADO
EL SOL	LA FLECHA
EL VIENTO	LA GRAN ROCA
LA CASA	

Escena I: Dentro del nido de las hormigas

(Las hormigas están agachadas en un escenario oscuro.)

NARRADOR: La Hormiguita Roja vivía con sus parientes en un nido bajo la Gran Roca. Se preguntaba cómo era el mundo allá afuera: ¿Quién era el más fuerte de todos? Un día, a fines de la primavera decidió investigarlo.

HORMIGUITA ROJA: Voy a investigar quién es el más fuerte. Iré afuera y daré una vuelta.

SEGUNDA HORMIGA: ¡Ten cuidado! Las hormigas somos muy pequeñas. Algo puede pisarte.

TERCERA HORMIGA: Sí, somos las más pequeñas y las más débiles de todos.

CUARTA HORMIGA: Ten cuidado, ¡es peligroso allá afuera!

HORMIGUITA ROJA: Tendré cuidado. Investigaré quién es el más fuerte. Tal vez, el más fuerte nos enseñe cómo ser más fuertes.

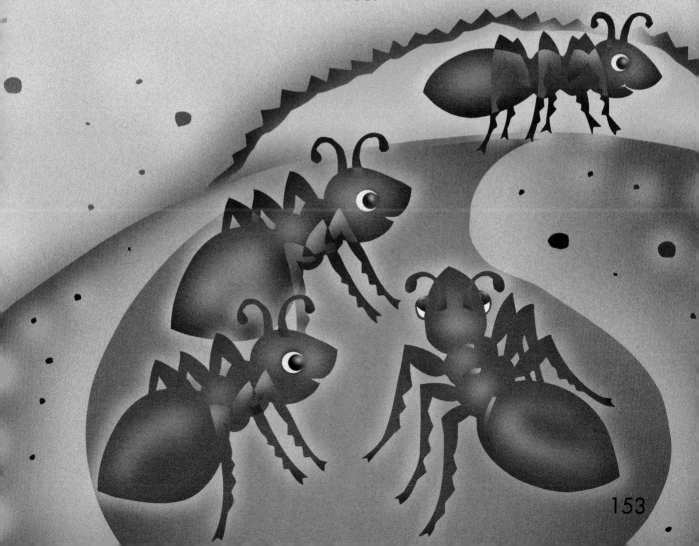

153

Escena II: La meseta

(La hormiga camina de acá para allá.)

NARRADOR: Entonces, la Hormiguita Roja salió
y empezó a dar una vuelta. Mientras caminaba,
comenzó a caer nieve.

(La Nieve entra al escenario.)

HORMIGUITA ROJA: Ay, mis patas están heladas.
Esta nieve hace que todo se congele. La Nieve
debe de ser la más fuerte. Le preguntaré. Nieve,
¿eres tú la más fuerte de todos?

LA NIEVE: No, yo no soy la más fuerte.

HORMIGUITA ROJA: ¿Quién es más fuerte que tú?

LA NIEVE: El Sol es más fuerte. Cuando sale el Sol, me derrite. ¡Ahí viene!

(Al entrar el Sol, la Nieve sale corriendo.)

HORMIGUITA ROJA: Ah, el Sol debe de ser el más fuerte. Le preguntaré. Sol, ¿eres tú el más fuerte de todos?

EL SOL: No, yo no soy el más fuerte.

HORMIGUITA ROJA: ¿Quién es más fuerte que tú?

EL SOL: El Viento es más fuerte. El Viento sopla las nubes por el cielo y me cubren la cara. ¡Ahí viene!

(Al entrar el Viento, el Sol sale corriendo.)

HORMIGUITA ROJA: El Viento debe de ser el más fuerte. Le preguntaré. Viento, ¿eres tú el más fuerte de todos?

EL VIENTO: No, yo no soy el más fuerte.

HORMIGUITA ROJA: ¿Quién es más fuerte que tú?

EL VIENTO: La Casa es más fuerte. Cuando llego a la Casa, no la puedo mover. ¡Ahí viene!

(Al entrar la Casa, el Viento sale corriendo.)

HORMIGUITA ROJA: La Casa debe de ser la más fuerte. Le preguntaré. Casa, ¿eres tú la más fuerte de todos?

LA CASA: No, yo no soy la más fuerte.

HORMIGUITA ROJA: ¿Quién es más fuerte que tú?

LA CASA: El Ratón es más fuerte. El Ratón viene y me hace agujeros. ¡Ahí viene!

(Al entrar el Ratón, la Casa sale corriendo.)

157

HORMIGUITA ROJA: El Ratón debe de ser el más fuerte. Le preguntaré. Ratón, ¿eres tú el más fuerte de todos?

EL RATÓN: No, yo no soy el más fuerte.

HORMIGUITA ROJA: ¿Quién es más fuerte que tú?

EL RATÓN: El Gato es más fuerte. El Gato me persigue y si me atrapa, me come. ¡Ahí viene!

(Al entrar el Gato, el Ratón sale corriendo y chillando.)

HORMIGUITA ROJA: El Gato debe de ser el más fuerte. Le preguntaré. Gato, ¿eres tú el más fuerte de todos?

EL GATO: No, yo no soy el más fuerte.

HORMIGUITA ROJA: ¿Quién es más fuerte que tú?

EL GATO: El Palo es más fuerte. Cuando el Palo me golpea, salgo corriendo. ¡Ahí viene!

(Al entrar el Palo, el Gato sale corriendo y maullando.)

HORMIGUITA ROJA: El Palo debe de ser el más fuerte. Le preguntaré. Palo, ¿eres tú el más fuerte de todos?

EL PALO: No, yo no soy el más fuerte.

HORMIGUITA ROJA: ¿Quién es más fuerte que tú?

EL PALO: El Fuego es más fuerte. Cuando me ponen al Fuego, ¡el Fuego me quema! ¡Ahí viene!

(Al entrar el Fuego, el Palo sale corriendo.)

159

HORMIGUITA ROJA: El Fuego debe de ser el más fuerte. Le preguntaré. Fuego, ¿eres tú el más fuerte de todos?

EL FUEGO: No, yo no soy el más fuerte.

HORMIGUITA ROJA: ¿Quién es más fuerte que tú?

EL FUEGO: El Agua es más fuerte. Cuando el Agua me cae encima, me apaga. ¡Ahí viene!

(Al entrar el Agua, el Fuego sale corriendo.)

HORMIGUITA ROJA: El Agua debe de ser la más fuerte. Le preguntaré. Agua, ¿eres tú la más fuerte de todos?

EL AGUA: No, yo no soy la más fuerte.

161

HORMIGUITA ROJA: ¿Quién es más fuerte que tú?

EL AGUA: El Venado es más fuerte. Cuando el Venado llega, el Venado me bebe. ¡Ahí viene!

(Al entrar el Venado, el Agua sale corriendo.)

HORMIGUITA ROJA: El Venado debe de ser el más fuerte. Le preguntaré. Venado, ¿eres tú el más fuerte de todos?

EL VENADO: No, yo no soy el más fuerte.

HORMIGUITA ROJA: ¿Quién es más fuerte que tú?

EL VENADO: La Flecha es más fuerte. Cuando la Flecha me alcanza, puede matarme. ¡Ahí viene!

(Al entrar la Flecha, el Venado sale corriendo a saltos.)

163

HORMIGUITA ROJA: La Flecha debe de ser la más fuerte. Le preguntaré. Flecha, ¿eres tú la más fuerte de todos?

LA FLECHA: No, yo no soy la más fuerte.

HORMIGUITA ROJA: ¿Quién es más fuerte que tú?

LA FLECHA: La Gran Roca es más fuerte. Cuando me lanzan y la golpeo, la Gran Roca me quiebra.

HORMIGUITA ROJA: ¿Estás hablando de la misma Gran Roca donde viven las hormigas rojas?

LA FLECHA: Sí, ésa es la Gran Roca. ¡Ahí viene!

(Al entrar la Gran Roca, la Flecha sale corriendo.)

HORMIGUITA ROJA: La Gran Roca debe de ser la más fuerte. Le preguntaré. Gran Roca, ¿eres tú la más fuerte de todos?

LA GRAN ROCA: No, yo no soy la más fuerte.

HORMIGUITA ROJA: ¿Quién es más fuerte que tú?

LA GRAN ROCA: Tú eres más fuerte. Cada día, las hormigas rojas se llevan trocitos de mí. Un día voy a desaparecer.

ESCENA III: El nido de hormigas

NARRADOR: Entonces, la Hormiguita Roja volvió a casa y habló a toda la colonia de hormigas.

(Las hormigas están agachadas en la oscuridad.)

SEGUNDA HORMIGA: La Hormiguita Roja ha regresado.

TERCERA HORMIGA: ¡Ha regresado a salvo!

CUARTA HORMIGA: Cuéntanos lo que aprendiste. ¿Quién es el más fuerte de todos?

HORMIGUITA ROJA: He aprendido que siempre hay alguien que es más fuerte que otro. Y aunque somos pequeñas, de alguna manera nosotras, las hormigas, somos las más fuertes de todos.

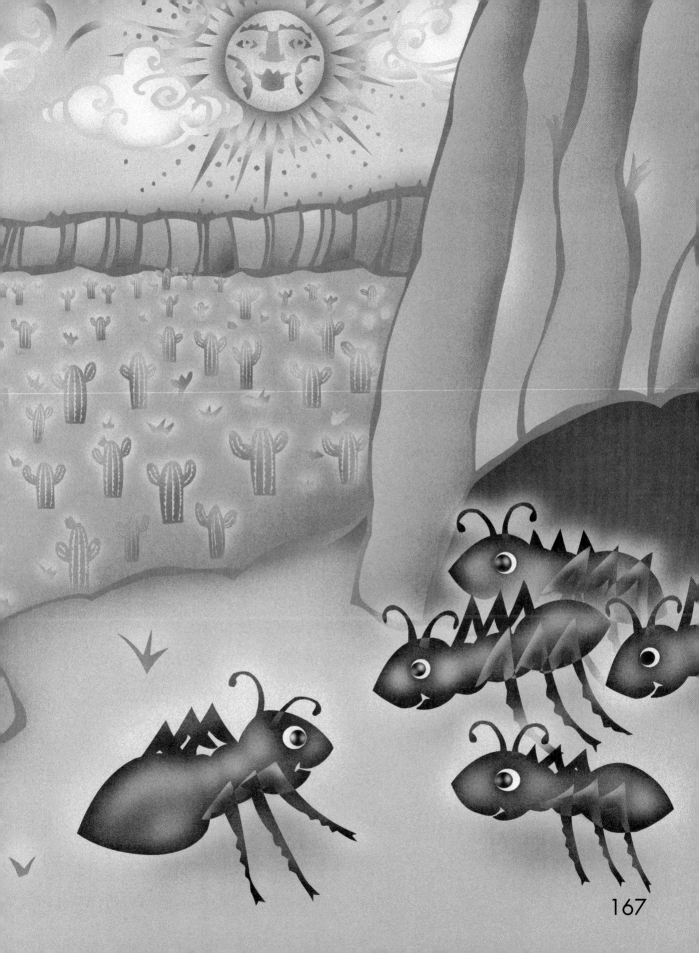

¡Imagínalo! | **Volver a contar**

Piensa críticamente

1. ¿En qué se diferencian los animales en este cuento con los de la selección *Medio elefante?*

De texto a texto

2. ¿Por qué crees que el autor escribió este cuento como obra de teatro? Propósito del autor

3. ¿Qué hechos aprende la Hormiguita Roja sobre el Fuego y el Agua? Hechos y detalles

4. ¿Cómo te ayuda la imagen de la página 159 a saber lo que es más fuerte que el Palo?

Predecir y establecer propósitos

5. Mira de nuevo y escribe
Mira de nuevo cómo el autor escribió la obra de teatro. Identifica los elementos del diálogo. Úsalos para escribir una obra corta de teatro sobre la Hormiguita Roja y un nuevo personaje.

PRÁCTICA PARA EL EXAMEN | Respuesta desarrollada

Conoce al autor

Joseph Bruchac

Cuando era niño, a Joseph Bruchac le gustaba explorar los animales, pájaros, insectos y plantas que lo rodeaban. Su abuelo, un indígena abenaki, le enseñó muchas cosas sobre la naturaleza.

Actualmente, Joseph Bruchac narra cuentos tradicionales de los indígenas norteamericanos. Él dice que "en la tradición indígena abenaki, hay un cuento relacionado casi con cada pájaro, animal y planta". Un mensaje que se repite en muchos de estos cuentos es que todas las partes de la naturaleza son importantes. ¡Hasta las hormiguitas pueden hacer cosas importantes!

Lee otros libros sobre explorar.

¿Qué es esto gigantesco?

La polilla del baúl

Registro de lecturas

Usa el Registro de lecturas del *Cuaderno de lectores y escritores,* para anotar tus lecturas independientes.

TEKS

2.21.B.3 Distinguir las oraciones exclamativas. **2.21.B.4** Distinguir las oraciones imperativas. **2.22.B.1** Escribir con mayúscula sustantivos propios. **2.22.D.1** Reconocer los signos de puntuación, entre ellos, la puntuación al comienzo y al final de la oración.

¡Escribamos!

Aspectos principales de una escena de una obra de teatro

- es parte de un cuento que se representa

- tiene personajes que hablan

- el nombre del personaje al principio de cada grupo de oraciones, dice quién habla

CALLE DE LA LECTURA EN LÍNEA
GramatiRitmos
www.TexasCalledelaLectura.com

Escena de una obra de teatro

Una **escena** es parte de **una obra de teatro** o cuento que se representa. El modelo del estudiante es un ejemplo de escena de una obra de teatro.

Instrucciones Piensa en las preguntas que les hace Hormiguita Roja a los personajes de la obra de teatro. Escribe una escena en la cual la hormiga le pregunta a otro animal, a un niño o a una niña, quién es el más fuerte.

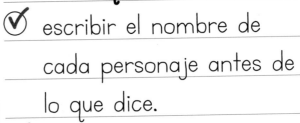

Lista del escritor

Recuerda que debes...

☑ escribir el nombre de cada personaje antes de lo que dice.

☑ usar por lo menos una oración imperativa y una exclamativa.

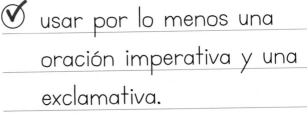

170

La fuerza del león

Hormiguita Roja: León, ¿tienes un rugido fuerte?

León: Es cierto. Mi rugido es fuerte.

Hormiguita Roja: **Ruge para que te pueda escuchar.**

León: ¡GRRRRR, GRRRRR!

Hormiguita Roja: ¡Uy, tienes razón! ¿Eres el más fuerte de todos?

León: La espina es más fuerte que yo. Cuando se clava en mi pata, no puedo caminar.

Género:
En una **escena de una obra de teatro**, los personajes representan el cuento.

Característica de la escritura: Normas
El escritor escribe con mayúscula el nombre de los personajes.

Una **oración imperativa** expresa un mandato.

Normas

- # Oraciones imperativas y exclamativas

Recuerda Una **oración imperativa** expresa
- un mandato. Una **oración exclamativa** expresa sorpresa o emoción. Lleva **signos de exclamación** al principio y al final (¡!).

171

TEKS

2.14.A.1 Identificar la idea principal de un texto. **2.14.B.1** Localizar los hechos que están claramente especificados en el texto.
2.14.D.1 Usar las características de un texto para localizar información específica en un texto.

Ciencias en Lectura

Género
Texto expositivo

- El texto expositivo explica cómo es un animal, un lugar, un objeto o una idea.
- El texto expositivo provee hechos y detalles.
- El texto expositivo tiene a menudo gráficas tales como ilustraciones y mapas.
- Lee "Los osos hormigueros". Busca los elementos del texto expositivo en esta selección.

LOS OSOS HORMIGUEROS

por John Jacobs

¿Has oído hablar de los osos hormigueros? ¿Alguna vez has visto uno? Aprendamos más sobre ellos.

América Central

América del Sur

¿Dónde viven?

Los osos hormigueros viven principalmente en América del Sur y en América Central, en donde hay muchos pastos, pantanos y bosques tropicales. Allí también viven muchas hormigas. Los osos hormigueros exploran todo el día esos lugares en busca de hormigas para comer.

Pensemos...

Lee los encabezamientos de la selección. ¿Cuál página leerías para aprender cómo son los osos hormigueros?
Texto expositivo

Pensemos...

¿Cuál es la idea más importante sobre el tema de los osos hormigueros en esta página? ¿Qué detalles apoyan esta idea?
Texto expositivo

173

¿Cómo son?

El oso hormiguero gigante es el más común, y no se parece a nada que hayas visto antes. Tiene la cola muy peluda y el cuerpo gordo. Su boca es diminuta. Sus ojos y orejas son pequeños. Lo más importante de su cuerpo son sus garras afiladas y su lengua muy larga. (Su lengua mide casi dos pies de largo. ¡Como dos reglas juntas!)

Pensemos...

¿Cuáles son las partes más importantes del cuerpo del oso hormiguero?

Texto expositivo

174

¿Cómo comen?

El oso hormiguero busca hormigas olfateando la tierra. Cuando encuentra un nido de hormigas, lo abre con sus garras afiladas. Luego, mete su larga lengua dentro del nido. Las hormigas se pegan a la lengua y el oso se las traga. Esto lo repite muchas veces con gran rapidez hasta sentirse satisfecho. El oso hormiguero come sólo una pequeña parte de las hormigas de cada nido. ¡No quiere que se le acabe la comida! Pero, hormigas, ¡cuídense! El oso hormiguero regresará.

Pensemos...

Relacionar lecturas ¿Sería un oso hormiguero un personaje apropiado para la obra de teatro *El más fuerte de todos*?

Escribir variedad de textos Escribe un párrafo breve. Di si piensas que un oso hormiguero debiera estar en la obra de teatro. Da una razón para tu opinión.

TEKS
2.4.A.1 Leer textos adecuados al nivel del grado, en voz alta y con precisión.
2.5.C.2 Identificar palabras comunes con significados similares (sinónimos).
2.5.C.4 Usar palabras comunes con significados similares (sinónimos).
2.8.A.2 Usar los elementos de un diálogo en obras informales.
También 2.29.A.4.

CALLE DE LA LECTURA EN LÍNEA
ACTIVIDADES DE VOCABULARIO
www.TexasCalledelaLectura.com

Vocabulario

Un **sinónimo** es una palabra que tiene el mismo o casi el mismo significado que otra palabra.

pequeña

chica

¡Practícalo! Lee estas palabras. Di los sinónimos, y luego escribe oraciones usándolos.

caminar   brincar   ver

Fluidez

Leer con expresión y entonación Cuando lees en voz alta, levanta la voz un poco al final de la pregunta. Asegúrate de que comprender lo que lees.

¡Practícalo!

1. ¿Es más grande un tigre que una ballena?

2. No, no lo es. ¿Por qué lo preguntas?

Escuchar y hablar

Habla claramente cuando actúes en una obra de teatro.

Representar una obra de teatro

Al actuar en una obra de teatro, tomas el papel de un personaje. Intenta decir tu parte como lo haría tu personaje. Escucha mientras los otros leen sus partes.

¡Practícalo! Con tus compañeros, lee varias líneas de *El más fuerte de todos*. Cada uno debe leer la parte del personaje. Lee las palabras que dice el personaje. No leas el nombre del personaje. Habla claramente y a un ritmo que se entienda.

Sugerencias

Escuchar...

- Escucha mientras otras personas actúan.

Hablar...

- Habla claramente.

Trabajar en equipo...

- Lee tu parte solamente cuando sea tu turno.

TRABAJAMOS *juntos*

PREGUNTA PRINCIPAL

?

¿Cómo trabajamos unidos?

TEKS

2.28.A Escuchar atentamente a los hablantes, formulando preguntas para aclarar la información.
2.29.A Comentar información e ideas sobre el tema en discusión, hablando claramente, a un ritmo adecuado y usando las normas del lenguaje pertinentes.

Vocabulario Oral

Hablemos sobre

Situaciones peligrosas

- Comenta la información sobre todas las situaciones peligrosas en el mundo.

- Comenta tus ideas sobre cómo cada uno de nosotros puede ayudar.

CALLE DE LA LECTURA EN LÍNEA
VIDEO DE HABLAR DEL CONCEPTO
www.TexasCalledelaLectura.com

180

Conciencia fonológica

Escuchemos

Sonidos

- Busca algunas cosas que comiencen con el sonido /s/, como *ciudad*.

- Busca algunos pares de palabras que rimen como *taza* y *casa*.

CALLE DE LA LECTURA EN LÍNEA
TARJETAS DE SONIDOS Y GRAFÍAS
www.TexasCalledelaLectura.com

CALLE 6
AVDA. 5

TEKS

2.2.E.1 Decodificar palabras que tengan los mismos sonidos representados por diferentes letras, con mayor precisión. **2.5** Comprender el vocabulario nuevo y utilizarlo al leer.

¡Imagínalo! | Sonidos y sílabas

centavo
/s/

sapo
/s/

isla
/s/

zorro
/s/

CALLE DE LA LECTURA EN LÍNEA
TARJETAS DE SONIDOS Y GRAFÍAS
www.TexasCalledelaLectura.com

Fonética

Palabras con z, c, s

Sonidos y sílabas que puedo combinar

s o p a

m e d i c i n a

c a l a b a z a

c o c i n a

c e r e z a

Oraciones que puedo leer

1. La medicina tiene sabor a cereza.

2. A mí me gusta la sopa de calabaza.

3. A veces hago mi tarea en la mesa de la cocina.

¡Ya puedo leer!

Diego está creciendo y ahora tiene su propio cuarto. Puede escuchar su música favorita. Su colección de insectos está siempre muy ordenada encima de la repisa. A su hermanito le gustaba tirar todo al suelo cuando compartían una misma recámara. ¡Una vez su hermanito metió en el radio un crayón a la fuerza y el radio se descompuso! Diego nunca encontraba sus rompecabezas igual que como los dejaba. También es más fácil para hacer su tarea. Lo único malo es que ahora sus juguetes son de su hermanito.

Has aprendido

- Palabras con *z*
- palabras con *c*
- palabras con *s*

Palabras de uso frecuente

escuchar   encima   tirar   fuerza
igual   fácil   malo

La **no ficción literaria** narra un suceso verdadero o una serie de sucesos como si fueran un cuento. Ahora leerás sobre dos perras que son amigas valientes de su dueño.

Tere y Zuci,
las amigas valientes

por Andrew Clements
ilustrado por Scott Gustafson

Pregunta de la semana

¿Cómo podemos ayudarnos en situaciones peligrosas?

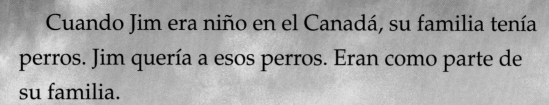

Cuando Jim era niño en el Canadá, su familia tenía perros. Jim quería a esos perros. Eran como parte de su familia.

Cuando Jim creció, seguía queriendo a los perros. Aprendió a entrenarlos y les enseñaba a portarse bien.

Jim siempre decía: "Ningún perro es malo". Con el tiempo, entrenar perros se convirtió en el trabajo de Jim.

Jim tenía dos perras llamadas Tere y Zuci. Tere era casi toda negra. Zuci era casi toda dorada. Jim las quería mucho, y ellas también lo querían. A Jim y a sus perras les gustaba el invierno.

Tenían buenos abrigos para no pasar frío. Jugaban
en la nieve y daban largos paseos.

Les gustaba salir pero también les gustaba regresar.
Era bueno sentarse junto a la chimenea y escuchar
el viento.

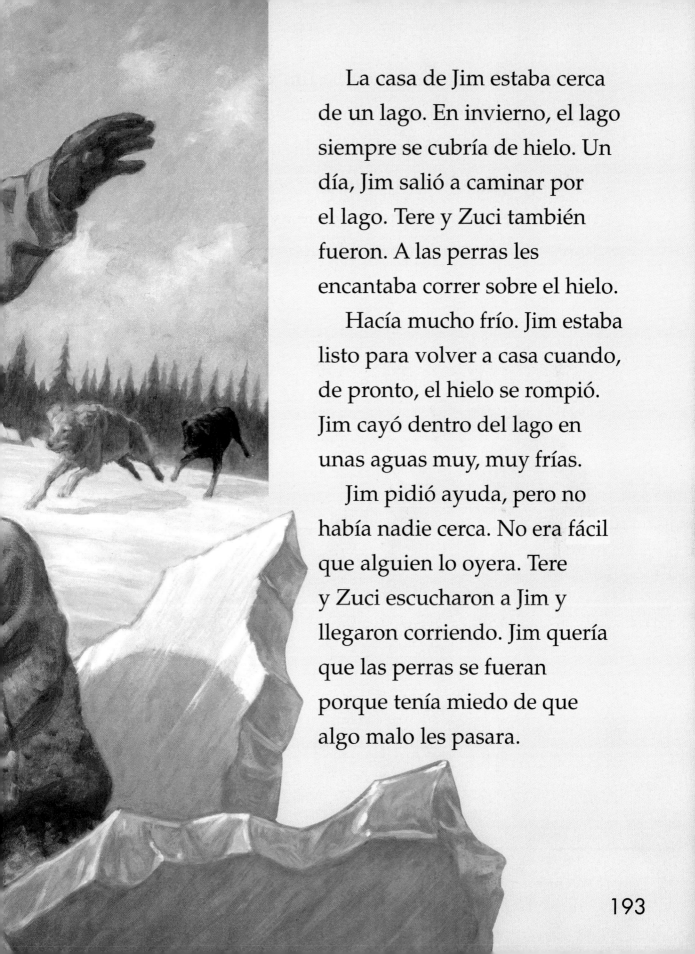

La casa de Jim estaba cerca de un lago. En invierno, el lago siempre se cubría de hielo. Un día, Jim salió a caminar por el lago. Tere y Zuci también fueron. A las perras les encantaba correr sobre el hielo.

Hacía mucho frío. Jim estaba listo para volver a casa cuando, de pronto, el hielo se rompió. Jim cayó dentro del lago en unas aguas muy, muy frías.

Jim pidió ayuda, pero no había nadie cerca. No era fácil que alguien lo oyera. Tere y Zuci escucharon a Jim y llegaron corriendo. Jim quería que las perras se fueran porque tenía miedo de que algo malo les pasara.

Pero Zuci quería mucho a Jim y deseaba ayudarlo. Cuando se acercó al agujero, el hielo se volvió a romper. Zuci cayó dentro del lago con Jim.

El agua estaba muy fría. Jim sabía que no tenía mucho tiempo, así que trató de ayudar a salir a Zuci. Pero el hielo se rompía cada vez más.

Jim esperaba que Tere se fuera, pues no quería que ella también cayera al agua. Pero Tere no se fue. Quería ayudar.

Primero, Tere se agachó. Luego, se acercó poco a poco. El hielo no se rompió.

Jim sacó una mano. Tere se puso bien cerca.
Entonces Jim se agarró del collar de Tere y se sujetó
fuerte. Tere retrocedió, pero Jim era demasiado
pesado. No podía salir del agua fría.

Entonces, Zuci hizo algo muy inteligente. Se subió a la espalda de Jim. Una vez encima, saltó ¡y salió del agua!

Zuci tenía frío, ¡pero estaba a salvo! ¿Crees que salió corriendo del hielo? No. Quería demasiado a Jim para irse del lugar.

Zuci se agachó, igual que Tere, y se acercó a Jim.
Él sacó la otra mano ¡y se agarró del collar de Zuci!

Las dos perras comenzaron a tirar con fuerza.
Resbalaron pero no se detuvieron. Lentamente
sacaron a Jim y lo dejaron sobre el hielo. Ahora él
también estaba a salvo.

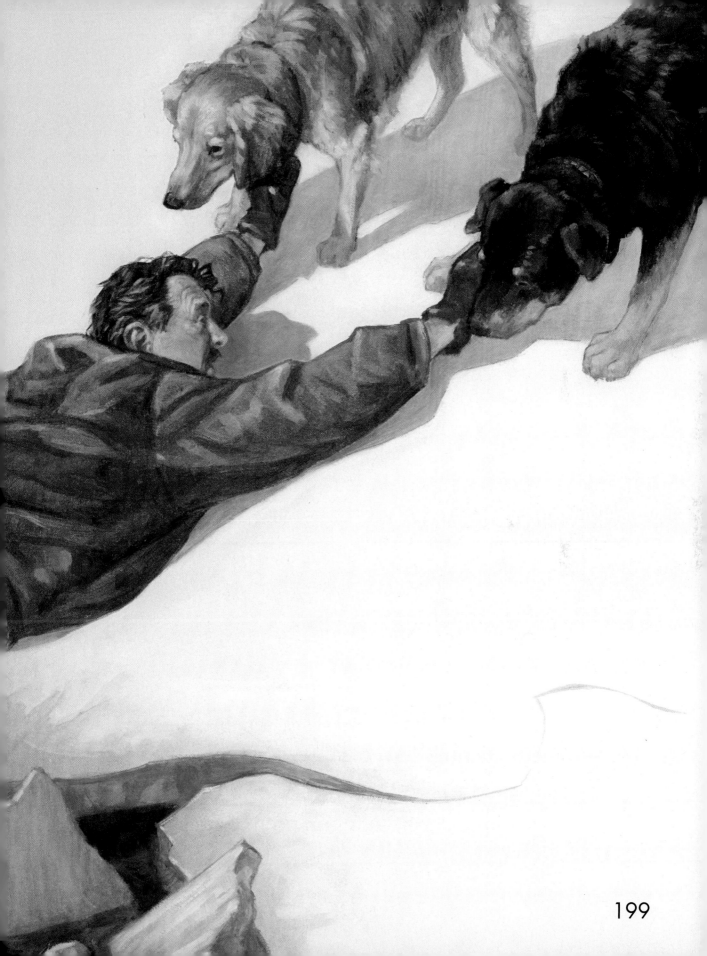

¡Tere y Zuci le habían salvado la vida! Pronto estuvieron dentro de la casa. Se sentaron junto a la chimenea hasta calentarse.

Jim siempre decía: "Ningún perro es malo".

Ahora, Jim dice algo más: "¡Lo que *sí* existen son perros valientes y maravillosos!"

Jim está seguro de lo que dice, porque dos de ellos son suyos: Tere y Zuci.

¡Imagínalo! | Volver a contar

Piensa críticamente

1. Este cuento trata de perros. ¿Qué otro cuento leíste sobre un perro? ¿En qué se parecen los cuentos? ¿En qué se diferencian? De texto a texto

2. ¿Por qué el autor escribió este cuento sobre perros de rescate? Propósito del autor

3. ¿Qué sucedió cuando Jim trató de sacar a Zuci del agua? Causa y efecto

4. Jim dice: "¡Lo que *sí* existen son perros valientes y maravillosos!". Haz un resumen sobre por qué Jim siente de esta manera. Resumir

5. Mira de nuevo y escribe
Mira de nuevo la página 200. ¿Por qué cree Jim que ningún perro es malo? Da evidencia que apoye tu respuesta.

PRÁCTICA PARA EL EXAMEN Respuesta desarrollada

Conoce al autor

Andrew Clements

Andrew Clements dice: "Los buenos escritores que conozco comenzaron siendo buenos lectores". Cuando él era niño, le gustaba leer. Recuerda a una bibliotecaria de la escuela donde estudiaba que lo hacía sentir como si fuera el "dueño" de todos los libros que leía. "Es una de las mejores cosas de leer un libro: lo lees y es tuyo para siempre", dice.

El señor Clements daba clases en una escuela. Como cree que leer libros es importante, les leía a sus estudiantes en la clase, y a sus cuatro hijos en su hogar.

Lee otros libros sobre trabajar unidos.

Las maraVillosas aventuras de una bulldog llamada Noelle

El baúl de los animales

Usa el Registro de lecturas del *Cuaderno de lectores y escritores,* para anotar tus lecturas independientes.

TEKS

2.18.A.1 Escribir cuentos breves que incluyan un principio. **2.18.A.2** Escribir cuentos breves que incluyan un medio. **2.18.A.3** Escribir cuentos breves que incluyan un final. **2.21.A.2.i** Comprender y utilizar sustantivos (singulares) en el contexto de la lectura, la escritura y la expresión oral.

¡Escribamos!

Aspectos principales de una narración informativa

- cuenta algo sobre personas o sucesos reales
- por lo general muestra los sucesos en el orden en que ocurrieron

CALLE DE LA LECTURA EN LÍNEA
GramatiRitmos
www.TexasCalledelaLectura.com

204

Escritura narrativa

No ficción narrativa

La **no ficción narrativa** cuenta cosas que realmente pasaron. El modelo del estudiante, en la página siguiente, es un ejemplo de no ficción narrativa.

Instrucciones Piensa en algunas maneras en que las personas trabajan unidas en situaciones peligrosas. Escribe un párrafo de no ficción narrativa sobre personas que trabajan rescatando a otras.

Lista del escritor

Recuerda que debes...

☑ contar una historia verdadera acerca de esas personas.

☑ usar palabras que muestren cómo te sientes al pensar en ese suceso.

☑ usar los sustantivos correctamente.

Los bomberos

Hubo un incendio en una casa en la calle donde vivo. Podíamos ver llamas muy altas. Nos daban miedo. De pronto escuchamos sirenas. Supimos que venían los bomberos. Ellos se aseguraron de que todas las personas estuvieran a salvo. Luego trajeron una manguera grande. Echaron mucha agua sobre toda la casa y apagaron el incendio. Los bomberos son muy valientes.

Característica de la escritura: Voz: La oración muestra cómo se siente el escritor.

Género: La **no ficción narrativa** cuenta algo sobre un suceso real.

Los **sustantivos comunes** nombran personas, lugares, animales o cosas.

Normas

Sustantivos comunes

Recuerda Un **sustantivo común** nombra una persona, lugar, animal o cosa.

Un **niño** vio a su **perro** en su **casa**.

TEKS

2.14.B.1 Localizar los hechos que están claramente especificados en el texto. **2.14.D.1** Usar las características de un texto para localizar información específica en un texto.

Estudios Sociales en Lectura

Género
Texto expositivo

- El texto expositivo explica un objeto o una idea.
- El texto expositivo provee hechos.
- El texto expositivo a menudo tiene recursos gráficos y de texto tales como encabezamientos y fotos.
- Lee "Los perros de rescate". Busca los elementos del texto expositivo en esta selección.

Los perros de rescate

por Rena Moran

¿Sabías que algunos perros se pueden entrenar para salvar vidas? Se llaman perros de rescate. Cuando alguien está en peligro, los perros de rescate están listos a ayudar.

¿A quiénes ayudan?

Los perros de rescate buscan a personas perdidas o atrapadas. Los perros deben ser fuertes e inteligentes. Deben escuchar a quienes les enseñan y los cuidan. El entrenador de este perro le está indicando dónde buscar a una persona atrapada en la nieve.

¿Qué tipos de perros son buenos perros de rescate?

Algunos perros, como el sabueso, el perdiguero labrador y el pastor alemán, son buenos para seguir los rastros de las personas que están perdidas. Los pastores alemanes también son buenos para encontrar personas atrapadas bajo la nieve.

Los Terranova nadan bien. Son fantásticos para realizar rescates en el agua.

Pensemos...

Fíjate en el encabezamiento de esta página. ¿Qué información piensas que da esta página?
Texto expositivo

207

¿Cómo hacen su trabajo?

Como todos los perros, los perros de rescate tienen muy buen sentido del olfato. Utilizan este sentido para encontrar a una persona perdida.

Un perro de rescate puede seguir el rastro de olor que ha dejado la persona.

Pensemos...

¿Cómo un perro de rescate sigue la pista de una persona perdida?
Texto expositivo

A veces, hay más de una persona perdida. Los perros de rescate pueden buscar a más de una persona a la vez.

Los perros de rescate no podrían hacer su trabajo sin alguien que les enseñe y los cuide. En su mayoría es gente a la que le encanta trabajar con perros. También les gusta ayudar a rescatar personas que están en peligro, ¡al igual que hacen sus perros!

Pensemos...

Relacionar lecturas En "Los perros de rescate" se dice que los perros de rescate tienen que ser "fuertes e inteligentes". ¿Son Tere y Zuci de *Tere y Zuci, las amigas valientes* fuertes e inteligentes?

Escribir variedad de textos Escribe un párrafo breve explicando tu respuesta.

¡Aprendamos!

CALLE DE LA LECTURA EN LÍNEA
ACTIVIDADES DE VOCABULARIO
www.TexasCalledelaLectura.com

Vocabulario

Mira las palabras y dibujos alrededor de las **palabras poco comunes** para averiguar el significado de la palabra.

¡Practícalo! Di el significado de cada palabra en negritas.

Di qué palabras te ayudaron.

1. El agua era **gélida**. Temblé cuando puse la mano en el agua helada y fría.

2. El cuarto estaba limpio y **ordenado**. Todo estaba guardado en su lugar.

Fluidez

Leer con precisión y ritmo apropiado
Lee solo las palabras que ves. No leas demasiado rápido ni demasiado lento. Así entenderás lo que estás leyendo.

¡Practícalo! Lee las oraciones en voz alta.

1. ¿Escuchaste perros ladrar?

2. Los perros juegan con la pelota.

Escuchar y hablar

Escucha con atención cuando sigas instrucciones.

Dar y seguir instrucciones

Las instrucciones indican cómo hacer algo. Cuando des instrucciones, di los pasos en orden. Cuando escuches, haz preguntas para asegurarte de que entiendes cada paso.

¡Practícalo! Dile a un compañero cómo escribir tu nombre en el pizarrón, y luego bórralo. Usa sustantivos al decir cada paso. Pídele a tu compañero que repita las instrucciones y que las siga. Espera tu turno.

Sugerencias

Escuchar...

- Sigue las instrucciones **orales** en el orden que se dan.

Hablar...

- Repite las instrucciones oralmente para asegurarte de que entiendes.

- Habla claramente cuando te den instrucciones orales.

TEKS

2.28.A Escuchar atentamente a los hablantes, formulando preguntas para aclarar la información.
2.29.A Comentar información e ideas sobre el tema en discusión, hablando claramente, a un ritmo adecuado y usando las normas del lenguaje pertinentes.

Vocabulario Oral

Hablemos sobre

Cambios en la historia

- Comenta la información sobre cómo el trabajar juntos ha cambiado la historia.

- Comenta tus ideas sobre cómo el trabajar juntos ha producido muchos cambios positivos.

CALLE DE LA LECTURA EN LÍNEA
VIDEO DE HABLAR DEL CONCEPTO
www.TexasCalledelaLectura.com

212

TEKS

★ Generar oralmente una serie de palabras originales que rimen, usando una variedad de terminaciones.

Conciencia fonológica

Escuchemos

Sonidos

● Busca algunas cosas con las sílabas *güe* y *güi*, como *güero*.

● Busca algunas palabras que rimen con *güero*, como *primero*.

● Di palabras que rimen con cosas que ves en la ilustración, tal como *agüita* rima con *viejita*.

CALLE DE LA LECTURA EN LÍNEA
TARJETAS DE SONIDOS Y GRAFÍAS
www.TexasCalledelaLectura.com

214

215

TEKS

2.2.D.3 Familiarizarse con palabras que tengan las sílabas *güe-, güi-* como en *cigüeña* y *pingüino*.

2.5 Comprender el vocabulario nuevo y utilizarlo al leer.

¡Imagínalo! | Sonidos y sílabas

Fonética

Palabras con *güe, güi*

Sonidos y sílabas que puedo combinar

p i n g ü i n o

c i g ü e ñ a

a g ü i t a

b i l i n g ü e

u n g ü e n t o

Oraciones que puedo leer

1. Soy bilingüe porque hablo dos idiomas: inglés y español.

2. El pingüino bebe agüita de su tazón.

3. El veterinario le pone ungüento a la cigüeña en la pata.

216

¡Ya puedo leer!

Cuando mi abuelo era joven vivía en otro país. Le gustaba ayudar a su papá a sembrar maíz y a llevar el alimento a los animales. También aprendió a hacer muebles de madera como mesas y sillas. Él dice que cuando yo esté en quinto grado me va a enseñar a hacer algo con madera como un marco o una mesa. ¡Qué bueno porque yo no sé hacer ninguno de los dos! Me gusta que mi abuelo me cuente historias y aprender cosas de él.

Has aprendido

🔵 Palabras con *güe*
🔵 palabras con *güi*

Palabras de uso frecuente
joven   país   maíz   llevar
madera   grado   ninguno

217

ABRAHAM LINCOLN

por Delores Malone
ilustrado por Stephen Costanza

Género

El **texto informativo** a menudo ofrece hechos sobre personas, lugares y sucesos reales que reflejan la historia o las tradiciones de las comunidades.

¿Cómo ha cambiado la historia el trabajar unidos?

Era la hora de la limpieza en la clase de segundo grado de la maestra Grant. Noah y Maya estaban guardando el gran mapa de los Estados Unidos. De pronto, se sintió un fuerte ruido de algo que se rasgaba.

Todos miraron a Noah y a Maya. El mapa se había roto en dos mitades.

—¡Mira lo que hiciste! ¡Rompiste el mapa! —dijo Noah.

—¿Yo? —dijo Maya—. ¡Yo no lo hice! ¡No es mi culpa!

La maestra Grant intervino. —Por favor, esperen
—dijo—. No creo que sea culpa de ninguno de los dos.
Estoy segura de que podemos arreglarlo. —Tomó los dos
pedazos del mapa—.

—¡Miren! Nuestro país está dividido en dos partes.
¡Necesitamos la ayuda de Abraham Lincoln!

—¿Abraham Lincoln? —preguntó Noah—. ¿Usted
quiere decir el presidente Lincoln de hace muchos años?

—Sí, —dijo la maestra Grant—. Les hablaré de
Abraham Lincoln y cómo, con otras personas, ayudó a
unir nuevamente nuestro país.

Abraham Lincoln nació el 12 de febrero de 1809, en Kentucky. Su familia vivía en una cabaña de troncos de una habitación. Cuando Abraham Lincoln era niño, todos lo llamaban "Abe".

Abe y su familia se mudaron a Indiana en 1816. Él tenía siete años. Abe trabajaba mucho para ayudar en la granja.

Una de sus tareas era cortar madera. La madera se usaba para cocinar y para calentarse. La madera también se usaba para hacer cercas. Cuando Abe tomaba el mango de su hacha, un gran tronco pronto se convertía en leña para chimeneas o postes para cercas.

Abe también araba los campos y sembraba maíz. El joven Abe llevaba un libro a todas partes. Cuando tenía tiempo para descansar, Abe sacaba el libro de su bolsillo y leía.

Cuando joven, Abe trabajó en una tienda en New Salem, Illinois. Un día, una mujer hizo unas compras en la tienda. Después de irse, Abe se dio cuenta de que no le había entregado todo el cambio a la mujer. Lleno de vergüenza, Abe recorrió muchas millas para llevar el dinero. Cuando sus amigos escucharon esta historia, lo llamaron "Abe, el honesto".

A Abe le encantaba leer, contar historias y hacer reír a la gente. Abe estudió mucho y aprobó un examen para ser abogado. En 1837, abrió una oficina legal en Springfield, Illinois. Ahora lo llamaban "Sr. Lincoln".

El 6 de noviembre de 1860, Abraham Lincoln fue elegido presidente de los Estados Unidos. Ahora lo llamaban "Presidente Lincoln".

El presidente Lincoln tenía un gran problema. La gente del Norte quería terminar la esclavitud. La gente del Sur quería formar su propio país y mantener la esclavitud. El presidente Lincoln quería mantener unido el país.

1800   1810   1820   1830

1809 Abraham Lincoln nace en Kentucky.

1837 Lincoln abre su oficina de abogado.

1816 El joven Abe y su familia se mudan a Indiana.

La Guerra Civil comenzó el 12 de abril de 1861. Los ejércitos del Norte y del Sur se enfrentaron. Muchos murieron. El presidente Lincoln tenía que encontrar la manera de detener la lucha.

Finalmente, el 9 de abril de 1865, la Guerra Civil terminó. Abraham Lincoln trabajó muy duro con muchas otras personas para unir nuevamente a nuestro país. Hasta hoy, muchas personas dicen que Abraham Lincoln es "el presidente más grandioso de los Estados Unidos".

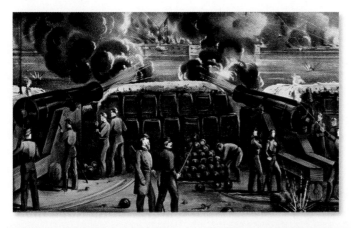

1861 Comienza la Guerra Civil.

1840   1850   1860   1870

1860 Lincoln es elegido presidente de los Estados Unidos.

1865 Termina la Guerra Civil.

Cuando la maestra Grant terminó su historia, Maya
sonrió a Noah y dijo: —¿Crees que nosotros podríamos
volver a unir nuestro país?

Noah asintió. —Seguro que sí.—

Cuando terminaron, Maya y Noah levantaron el mapa para que la clase lo viera.

—Gracias —dijo la maestra Grant—. Hicieron un excelente trabajo. Ahora tienen algo en común con Abraham Lincoln. Trabajaron juntos y volvieron a unir nuestro país.

TEKS
2.3.B.9 Apoyar las respuestas con evidencia del texto. 2.12.A.1 Leer en forma independiente por algún período de tiempo. 2.13.A.1 Identificar el tema de un texto. También 2.3.C.1, 2.13.A.2.

¡Imagínalo! | Volver a contar

CALLE DE LA LECTURA EN LÍNEA
ORDENACUENTOS
www.TexasCalledelaLectura.com

Piensa críticamente

1. Nombra otros presidentes de los Estados Unidos además de Abraham Lincoln. El texto y el mundo

2. ¿Por qué crees que el autor escribió este artículo: para informar, entretener o persuadir? Explica tu respuesta. Propósito del autor

3. ¿Cuál es el tema de este artículo? ¿Por qué quiere el autor que sepas sobre este tema?

Propósito del autor

4. ¿Cómo cambia el cuento después de la página 223? Estructura del texto

5. Mira de nuevo y escribe Mira de nuevo la página 231. ¿Por qué crees que muchas personas dicen que Abraham Lincoln es "el presidente más grandioso de los Estados Unidos?". Da evidencia que apoye tu respuesta.

PRÁCTICA PARA EL EXAMEN   Respuesta desarrollada

Delores Malone

Delores Malone ha trabajado gran parte de su vida con niños pequeños. Ahora enseña a otras personas cómo trabajar con los jóvenes. La Sra. Malone vive en Evanston, Illinois, con su esposo, Roy.

Stephen Costanza

Stephen Costanza estudió música antes de estudiar arte. Le sigue gustando la música, pero eligió la carrera de ilustrador. Puedes encontrar sus ilustraciones en libros, revistas, anuncios publicitarios y libros de texto.

El Sr. Costanza vive en la costa de Maine, donde disfruta el estar al aire libre.

Lee otras biografías.

Como usted vea...
Fernando Botero

Pasos

Usa el Registro de lecturas del *Cuaderno de lectores y escritores*, para anotar tus lecturas independientes.

TEKS

2.19.A.1 Escribir composiciones breves acerca de temas de interés para el estudiante. **2.21.A.2.iv** Comprender y utilizar sustantivos (propios) en el contexto de la lectura, la escritura y la expresión oral. **2.22.B.1** Escribir con mayúscula sustantivos propios.

¡Escribamos!

Aspectos principales de una biografía

- cuenta la vida de una persona real

- cuenta hechos importantes sobre esa persona

CALLE DE LA LECTURA EN LÍNEA
GramatiRitmos
www.TexasCalledelaLectura.com

Escritura expositiva

Biografía

Una **biografía** cuenta la vida de una persona real. El modelo del estudiante, en la página siguiente, es un ejemplo de biografía.

Instrucciones Piensa en alguna otra persona de la historia que haya trabajado con otros para mejorar las cosas. Escribe una biografía corta de esa persona.

Lista del escritor

Recuerda que debes...

☑ escribir acerca de una persona real.

☑ incluir sólo hechos e ideas importantes.

☑ escribir con mayúscula la primera letra de todos los sustantivos propios.

Martin Luther King, Jr.

Martin Luther King, Jr., habló en favor de la paz. Trabajó con otros para mejorar las cosas. Fue un líder estadounidense. Ayudó a las personas a luchar por sus derechos.

El Dr. King dio un discurso famoso. Dijo que tenía un sueño. Su sueño era que a todas las personas las trataran bien, de manera justa. El día de Martin Luther King, Jr. se celebra un lunes de enero.

Característica de la escritura:
Enfoque:
El escritor cuenta ideas importantes acerca de la persona.

Este **sustantivo propio** es el nombre de una persona. Se escribe con mayúscula.

Género:
Una **biografía** cuenta algo sobre una persona real.

Normas

Sustantivos propios

Recuerda Los sustantivos propios son nombres especiales de personas, lugares, animales o cosas.

● Comienzan con mayúscula.

237

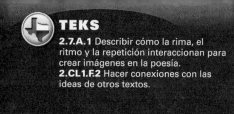

TEKS

2.7.A.1 Describir cómo la rima, el ritmo y la repetición interaccionan para crear imágenes en la poesía.
2.CL1.F.2 Hacer conexiones con las ideas de otros textos.

Poesía

Género
Poesía

- A veces los poemas tienen líneas de palabras que riman. Esto generalmente se repite una y otra vez.

- Los poemas que riman terminan con sonidos semejantes.

- Un poema narrativo es un poema que narra un cuento.

- Lee "Lincoln". Escucha los elementos que lo hacen poesía.

- Los poetas a menudo usan palabras con un significado diferente al común. Busca en el poema las palabras "poner su corazón". ¿Están usadas estas palabras según su significado literal o real? ¿O significan algo diferente?

LINCOLN

Nancy Byrd Turner

Alguna vez existió
un joven tranquilo, callado y serio,
que caminaba largas y cansadas millas
por un libro en el cual poner su corazón.
¡Y ni siquiera velas tenía!

Era muy pobre para comprar una lámpara,
pero tan sabio como un leñador.
Recogía a su paso ramas, maderos
y hojas crujientes, para encenderlas
en un vigoroso fuego dorado.

Entonces, mientras leía recostado,
la luz del fuego titilaba en su rostro
y proyectaba su sombra en la penumbra.
Se dibujaba un cuadro en la habitación,
la más humilde de esos lugares.

Los años difíciles llegaron, luego se fueron,

pero él, gentil, valiente y voluntarioso,

enfrentó cada uno de ellos. Y hoy,

al mirar su retrato decimos:

"La luz aún ilumina su rostro".

Pensemos...

¿Cómo te ayudan la rima y el ritmo a ver lo que hace el niño?

Pensemos...

Relacionar lecturas ¿En qué se parecen las dos selecciones sobre Abraham Lincoln? ¿En qué se diferencian?

Escribir variedad de textos Haz una tabla. Escribe lo que dice cada selección acerca de Abraham Lincoln.

TEKS

2.4.A.1 Leer textos adecuados al nivel del grado, en voz alta y con precisión. **2.5.D.2** Usar un diccionario o un glosario para buscar palabras. **2.16.A.1** Reconocer los diferentes propósitos de los medios de comunicación. **También 2.28.A.2, 2.30.A.1, 2.30.A.2.**

CALLE DE LA LECTURA EN LÍNEA
ACTIVIDADES DE VOCABULARIO
www.TexasCalledelaLectura.com

Vocabulario

Las **palabras guía** en un diccionario o glosario te ayudan a encontrar palabras. Las encuentras en la parte superior de una página. Muestran la primera y última palabra en la página.

¡Practícalo! Di cuáles de las siguientes palabras aparecerían en una página con estas palabras guía.

cuarto   cuesta

cerrado   cubo   cuchara

cultivo   costa   completar

Fluidez

Leer con expresión

Al leer en voz alta, pon atención a la puntuación. Decir algunas palabras con más sentimiento que otras, hace que leer sea divertido.

¡Practícalo! Lee las páginas 221 y 222 en voz alta. Usa tu voz para mostrar sentimientos fuertes al leer las oraciones que tienen signos de exclamación.

Lectura y medios de comunicación

Lee o escucha los medios de comunicación con atención. Decide cuál es su propósito.

Reconocer y explicar los propósitos de los medios de comunicación

Algunos medios de comunicación entretienen. Algunos dan información. Cuando veas los recursos de los medios de comunicación, explica su propósito. Asegúrate de que hablas claramente para que las demás personas puedan entender lo que dices. Cuando escuches a otras personas, haz preguntas para asegurarte de que entiendes.

¡Practícalo! Con tu grupo, busca medios de comunicación que provean información acerca de un presidente de E.U. Puedes buscar en sitios electrónicos, periódicos, revistas, audiocasetes o DVD. Comparte los materiales con la clase. Explica cómo sabes que el medio provee información. Usa sustantivos (nombres) propios. Espera tu turno.

Sugerencias

Hablar...

- Habla solamente cuando sea tu turno.

Trabajar en equipo...

- Participa en discusiones de clase.

TEKS

2.28.A Escuchar atentamente a los hablantes, formulando preguntas para aclarar la información.

2.29.A Comentar información e ideas sobre el tema en discusión, hablando claramente, a un ritmo adecuado y usando las normas del lenguaje apropiadas.

Vocabulario Oral

Hablemos sobre

Trabajar unidos para el bien de todos

- Comenta la información sobre la importancia de trabajar unidos.

- Comenta tus ideas sobre cómo el esfuerzo de todos facilita lograr algo.

CALLE DE LA LECTURA EN LÍNEA
VIDEO DE HABLAR DEL CONCEPTO
www.TexasCalledelaLectura.com

242

TEKS

★ Generar oralmente una serie de palabras originales que rimen, usando una variedad de terminaciones.
★ Reconocer el cambio en una palabra hablada al cambiar un fonema o una sílaba.

Conciencia fonológica

Escuchemos

Sonidos

● Busca algunas palabras en plural que terminan en -s, -es, o -ces, como *sillas*.

● Busca algunas palabras con sílabas iniciales que se pueden cambiar para formar una nueva palabra, como *mesas* y *pasas*.

● Busca algunos pares de palabras que rimen como *lazos* y *vasos*.

CALLE DE LA LECTURA EN LÍNEA
TARJETAS DE SONIDOS Y GRAFÍAS
www.TexasCalledelaLectura.com

245

TEKS

2.5 Comprender el vocabulario nuevo y utilizarlo al leer. **2.23.C.1** Escribir la forma plural de palabras terminadas en "z", reemplazando la "z" por "c" antes de agregar "-es".

¡Imagínalo! | Sonidos y sílabas

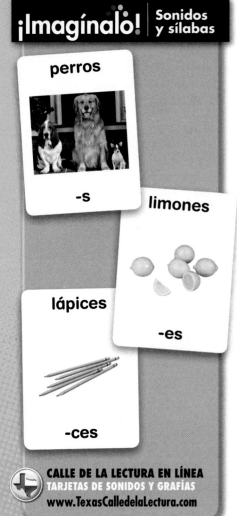

perros

-s

limones

-es

lápices

-ces

CALLE DE LA LECTURA EN LÍNEA
TARJETAS DE SONIDOS Y GRAFÍAS
www.TexasCalledelaLectura.com

Fonética

Plurales terminados en *-s, -es, -ces*

Sonidos y sílabas que puedo combinar

p e c e s

c o l o r e s

f e l i c e s

p a p e l e s

m e s a s

Oraciones que puedo leer

1. La maestra pone los papeles en nuestras mesas.

2. Mi tía Clara me compró cinco peces de colores

3. Los niños juegan felices en el río.

¡Ya puedo leer!

Por un momento pensé que nadie se había acordado de mi cumpleaños pero todo estaba listo. Mi hermana decoró el palo para la piñata con listones brillantes. Mi hermano pintó piedras de colores para un concurso de ciencias. Mi mamá preparó bocadillos deliciosos. Primero me taparon los ojos y me llevaron adentro de la casa. Después miré bajo las escaleras y, ¡ahí estaba mi bicicleta nueva! Luego llegaron mis primos y jugamos toda la tarde. ¡Nunca me había sorprendido tanto!

Has aprendido

 Plurales terminados en -*s*
Plurales terminados en -*es*
Plurales terminados en -*ces*

Palabras de uso frecuente
momento   palo   piedras
primero   ojos   adentro   bajo
tanto

247

Los arbolitos bebé

por Lulu Delacre

Género

El **cuento fantástico** es un relato inventado porque no es posible que realmente ocurra. ¿Qué hace que este relato sea un cuento fantástico?

Pregunta de la semana

¿Cómo podemos trabajar unidos por el bien de todos?

249

Rafi estuvo de guardia durante días.

Sabía que su cobito cambiaría de concha marina en cualquier momento.

No quería perdérselo.

—¡Rafi, Rafi! —llamó Rosi.

Rosi encontró a su hermano observando al cobito gordo que había hallado en el manglar.

—¡Ayúdame a conseguir un arbolito bebé! —suplicó Rosi—. Lo necesito para mi maceta.

—Ahorita —dijo Rafi—. Primero busca el árbol más pequeño que veas.

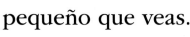

Rosi recorrió el manglar hasta que encontró un arbolito bebé.

Excavó a su alrededor, tiró y haló, pero no pudo sacarlo de la tierra.

Decidió regresar donde Rafi.
Él ordenaba las conchas
marinas vacías dentro del
tanque de su mascota
con un largo palo.

—¡Rafi, Rafi! —dijo
Rosi—. Encontré el
arbolito más pequeño
del manglar. Ahora ayúdame,
por favor.

Rafi miró a Rosi. Luego miró
la maceta que cargaba ella y a su
propio cobito. Soltó un gran suspiro.

—Bueno, te ayudaré —dijo,
y apoyó el palo sobre los bordes
del tanque. Pero vamos deprisa.
Estoy seguro de que mi
cobito va a cambiar
de concha marina en
cualquier momento.

Ya en el manglar, Rosi llevó a Rafi hasta
su hallazgo.

—¡Aquí está! —exclamó ella.

—¡Ése no es el árbol más pequeño!
—dijo Rafi—. Los arbolitos bebé se
encuentran fuera de la tierra.

—¿Cómo así? —preguntó Rosi.

253

Rafi se fue dando
brincos en busca del
mangle que quería
mostrarle a Rosi.

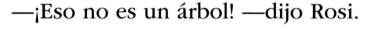

—¡Mira! —llamó él.

Rosi vio una cosa
rara que guindaba bajo un
puñado de flores amarillas.

—¡Eso no es un árbol! —dijo Rosi.

—Es un retoño —dijo Rafi—. ¿Ves?

Rafi le mostró a Rosi que la semilla del mangle
rojo crece pegada al árbol hasta que está lista
para caerse.

—Yo no sabía eso —dijo Rosi.

—Pero yo sí —dijo Rafi sonriendo.

Rafi desprendió el retoño y se lo dio a su hermanita.

—Ahora tengo que volver antes de que mi cobito se mude de concha marina.

Cuando Rafi llegó al tanque, notó que había algo mal.

Su cobito no estaba adentro. Entonces vio que el palo que había estado usando se había caído dentro del tanque, dándole al cobito una forma de salir.

—¡Ay, bendito! —gritó Rafi—. ¡Se me escapó mi cobito!

Rafi se tiró al suelo.

—Y yo que esperé tanto tiempo—. Suspiró.

Rosi corrió donde su hermano.

—Yo te ayudaré —dijo ella.

—De nada vale —contestó Rafi—. Mi cobito podría estar en cualquier sitio.

—Espera —dijo Rosi—. Trataré de encontrarlo.

Rosi buscó a su alrededor.

Levantó palitos pequeños y hojas grandes, piedras pesadas y ramas livianas. Rafi seguía todos los movimientos de Rosi con el rabo del ojo.

De pronto, Rosi halló unas huellas diminutas.
Éstas la llevaron hasta un coco roto. Se fijó debajo
del coco.

—Creo que está aquí —dijo.

—¿De veras? —dijo Rafi—. ¡Atrapémoslo!

Dio un brinco y recogió el coco
con una mano, mientras lo
tapaba con la gorra en la
otra mano.

—¡Lo atrapaste! —dijo Rosi.

Finalmente, Rafi colocó el coco roto dentro del tanque.

Rafi y Rosi observaron y observaron, hasta que, poco a poco, el cobito empezó a arrastrarse fuera del coco.

—¡Ahí está! —dijo Rafi—. ¡Mira, Rosi, MIRA!

Rafi y Rosi vieron que el cobito comenzaba
a salir de la concha marina más pequeña.

Se detuvo por un instante y se metió dentro de
un caracol más grande, en el cual se acomodó.

El cobito había cambiado de concha marina
tal como Rafi sabía que lo haría.

—¡Fantástico! —dijo Rafi.

Entonces miró a su hermanita.

—Y tú lo encontraste justo a tiempo.

TEKS

2.3.B.6 Localizar hechos de otros textos. **2.3.B.8** Localizar detalles de otros textos. **2.3.C.1** Establecer un propósito para leer textos seleccionados. **2.13.A.2** Explicar el propósito del autor al escribir el texto. **2.14.B.1** Localizar los hechos que están claramente especificados en el texto.

¡Imagínalo! Volver a contar

CALLE DE LA LECTURA EN LÍNEA
ORDENACUENTOS
www.TexasCalledelaLectura.com

262

Piensa críticamente

1. Ya hemos leído otro cuento acerca de árboles, *Árboles por todas partes*. ¿En qué se parecen *Los arbolitos bebés* y ese otro cuento? ¿En qué se diferencian? **De texto a texto**

2. ¿Para qué crees que escribió este texto la autora, para informar, entretener o convencer? Explica tu respuesta. **Propósito del autor**

3. Vuelve a mirar las páginas 253 a 254. ¿Dónde se encuentran los arbolitos bebés? ¿Dónde crece la semilla del mangle? **Detalles y hechos**

4. ¿Alguna vez has observado cómo cambia un insecto al crecer? ¿Por qué crees que Rafi quería quedarse junto a su cobito?

Conocimientos previos

5. Mira de nuevo y escribe Vuelve a mirar las páginas 251–254. ¿Por qué no puede Rosi sacar el arbolito de la tierra? Escribe sobre eso.

 **PRÁCTICA PARA EL EXAMEN** Respuesta desarrollada

Lulu Delacre

Lulu Delacre nació en Río Piedras, Puerto Rico. De niña pasó muchas horas observando plantas y animalitos en plena naturaleza. Rafi y Rosi están inspirados en aquellos días de sol y mar de su infancia en Puerto Rico. "Lo pasaba en grande subiéndome a los tamarindos y persiguiendo lagartos pardos con mis amigos", dice Lulu.

Cuando tenía diez años, una amiga de su mamá le enseñó a dibujar. Desde entonces no ha parado de hacerlo.

Lee otros libros sobre trabajar unidos.

Usa el Registro de lecturas del *Cuaderno de lectores y escritores*, para anotar tus lecturas independientes.

Aspectos principales de un texto expositivo

- cuenta sobre personas, lugares o cosas reales
- incluye hechos y detalles

 CALLE DE LA LECTURA EN LÍNEA
GramatiRitmos
www.TexasCalledelaLectura.com

Escritura expositiva

Texto expositivo

Un texto expositivo cuenta hechos sobre un tema. El modelo del estudiante, en la página siguiente, es un ejemplo de texto expositivo.

Instrucciones Piensa cómo al trabajar unidos se puede conseguir lo que los demás necesitan. Escribe un párrafo informativo para explicar cómo al trabajar unidos se puede ayudar a alguien.

Lista del escritor

Recuerda que debes...

✓ contar sobre personas, lugares o hechos reales.

✓ escoger palabras que aclaren lo que quieres decir.

✓ usar y decir los sustantivos en singular y en plural correctamente.

Trabajando unidos

Nuestro equipo de béisbol necesitaba uniformes nuevos. Todo el vecindario nos ayudó a reunir dinero. El sábado pasado, vendimos muchas cosas que la gente había donado. Vendimos **abrigos**, **libros** y **juegos** usados. Juntamos suficiente dinero. Todas las personas pueden trabajar unidas para conseguir lo que necesitan.

Género:
Este **texto expositivo** cuenta sobre personas reales y el efecto del trabajo.

Característica de la escritura:
Lenguaje:
Las palabras exactas, como *juegos usados*, aclaran lo que se quiere decir.

Estos **sustantivos en plural** terminan en **-s**. Dilos y escucha el sonido al final.

Normas

Sustantivos en singular y plural

- **Recuerda** Los sustantivos en **singular** indican a una persona, un lugar, un animal o una cosa.
- Los sustantivos en **plural** indican a más de una. Se forman agregando -s o -es.

265

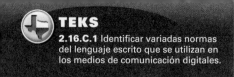

TEKS
2.16.C.1 Identificar variadas normas del lenguaje escrito que se utilizan en los medios de comunicación digitales.

Destrezas del siglo XXI
EXPERTO EN INTERNET

Un buen sitio te dará información correcta. Pero, ¿cómo puedes saber? Fíjate en quiénes hicieron el sitio. ¿Puedes confiar en ellos? Un buen sitio también resulta fácil en usar. ¿Puedes encontrar a la información que necesitas?

- Un sitio en Internet te da información sobre un tema.

- Un sitio en Internet puede tener enlaces a otros sitios que tengan más información.

- Un sitio en Internet puede usar palabras y fotos para informar sobre un tema.

- Lee "Grandes máquinas y grandes construcciones". Usa el texto y las ilustraciones para aprender más sobre los sitios en Internet y cómo usar la información que ofrecen.

Grandes máquinas y grandes construcciones

Después de leer *Los arbolitos bebé*, Raúl piensa en el cobito que carga una concha marina cada vez más grande. Le pide permiso a su mamá para investigar en Internet.

Raúl va al buscador en Internet y escribe las palabras "fuerza" y "movimiento". Se abre una página web y aparecen los siguientes enlaces.

File   Edit   View   Favorites   Tools   Help

http://enlace.aquí

Resultados de la búsqueda
fuerza y movimiento

Grandes construcciones:
una maravilla
de la fuerza humana
Movimiento de los cuerpos celestes

A Raúl le parece interesante el enlace sobre las grandes construcciones. Hace clic aquí. Se abre una nueva página web.

File   Edit   View   Favorites   Tools   Help

http://enlace.aquí

Grandes construcciones
una maravilla de la fuerza humana

Con la grúa torre se construyen edificios muy altos.

¿Te gustaría saber manejar una grúa? ¿Sabes cuánto te tomaría construir un rascacielos con tus manos? Los humanos han utilizado sus conocimientos para crear maravillosas máquinas que hacen que tareas como la construcción de un rascacielos o de un puente, parezcan un juego de niños. Por ejemplo, un camión puede llevar tanta arena como la que llevarían 200 personas en carretillas y, por supuesto, en mucho menos tiempo.

Página 1 de 3

Siguiente

Raúl observa que el artículo tiene tres páginas.

Raúl hace clic en el botón de *Siguiente.*

267

Esta potente excavadora se usa en terrenos difíciles.

Un sitio de construcción

¿Has visto un sitio de construcción? Sin duda habrás notado que hay diferentes tipos de máquinas para construir todo lo que nos rodea. Hay máquinas que pueden mover toneladas de tierra y cavar hoyos muy grandes en pocos minutos. Sin las máquinas el mundo sería muy diferente. Nuestras ciudades no tendrían rascacielos ni puentes que cruzan grandes ríos y lagos.

Página 2 de 3   ◀ Anterior   Siguiente ▶

Cuando termina de leer la página, Raúl vuelve a hacer clic en el enlace de *Siguiente*.

File   Edit   View   Favorites   Tools   Help

http://enlace.aquí

Para construir un gran puente como éste, se necesitan grandes máquinas.

Las herramientas facilitan el trabajo.

Trabajando juntos obtenemos mejores resultados.

para más práctica

Busca en línea
www.TexasCalledelaLectura.com
Usa los sitios en Internet para aprender más sobre las grandes máquinas y grandes construcciones.

Destrezas del siglo XXI: Actividad en línea
Ingresa y sigue paso a paso las instrucciones para evaluar los sitios que encuentras.

TEKS

2.4.A.2 Leer textos adecuados al nivel del grado, en voz alta y con expresión. **2.21.A.2.ii** Comprender y utilizar sustantivos (plurales) en el contexto de la lectura, la escritura y la expresión oral. **2.30.A.2** Seguir normas conversacionales, incluyendo hablar cuando le toque el turno. **También 2.4.A.1, 2.4.A.3, 2.4.A.4, 2.21.A.2.i, 2.30.A.3, 2.30.A.1.**

CALLE DE LA LECTURA EN LÍNEA
ACTIVIDADES DE VOCABULARIO
www.TexasCalledelaLectura.com

Vocabulario

Palabras de tiempo y orden para secuencia

Secuencia es el orden en el que suceden las cosas. Las palabras clave para secuencia pueden indicar el orden y el tiempo en que algo sucede.

 Usa las siguientes palabras clave en oraciones. Di y escribe tus oraciones.

primero   por último
en   invierno   ayer

Fluidez

Leer con expresión apropiada Agrupa las palabras mientras lees. No leas una palabra a la vez. Asegúrate de que entiendes lo que lees.

¡Practícalo! Lee las oraciones en voz alta. Agrupa las palabras.

1. Ben y Ted fueron a la tienda.

2. En la tienda, los niños compraron manzanas.

270

Escuchar y hablar

Hacer y responder preguntas

Cuando hagas una pregunta, mira a la persona a la que le preguntas. Escucha la respuesta con cortesía. Cuando respondas una pregunta, habla claramente para que las demás personas te puedan entender.

¡Practícalo! Espera tu turno para hacer y responder preguntas con un compañero. Pregúntale cuál es su animal favorito y por qué. Luego, pregúntale cuál es su color favorito y por qué. Usa sustantivos en singular y plural.

Sugerencias

Escuchar...

- Escucha cuando alguien hace o responde una pregunta.
- Mira a la persona que habla.

Hablar...

- Espera tu turno para hablar.

Trabajar en equipo...

- Participa en actividades de la clase.

271

TEKS

2.28.A Escuchar atentamente a los hablantes, formulando preguntas para aclarar la información.
2.29.A Comentar información e ideas sobre el tema en discusión, hablando claramente, a un ritmo adecuado y usando las normas del lenguaje pertinentes.

Vocabulario Oral

Hablemos sobre

El trabajar juntos

- Comenta la información sobre el trabajar juntos para resolver problemas.

- Comenta tus ideas sobre el trabajar juntos para hacer un trabajo.

CALLE DE LA LECTURA EN LÍNEA
VIDEO DE HABLAR DEL CONCEPTO
www.TexasCalledelaLectura.com

TEKS

★ Generar oralmente una serie de palabras originales que rimen, usando una variedad de terminaciones.
★ Reconocer el cambio en una palabra hablada al cambiar un fonema o una sílaba.

Conciencia fonológica

Escuchemos

Sonidos

- Busca cosas que tengan sílabas con el sonido /r/ unido a otra consonante, como *grasa*.

- Busca algunas palabras con sílabas que se pueden cambiar para formar una nueva palabra, como *madre* y *padre*.

- Di palabras que rimen con cosas que ves en la ilustración, como *granjas* y *franjas*.

CALLE DE LA LECTURA EN LÍNEA
TARJETAS DE SONIDOS Y GRAFÍAS
www.TexasCalledelaLectura.com

274

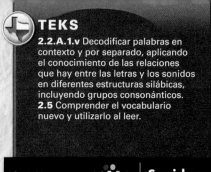

TEKS

2.2.A.1.v Decodificar palabras en contexto y por separado, aplicando el conocimiento de las relaciones que hay entre las letras y los sonidos en diferentes estructuras silábicas, incluyendo grupos consonánticos.
2.5 Comprender el vocabulario nuevo y utilizarlo al leer.

¡Imagínalo! | Sonidos y sílabas

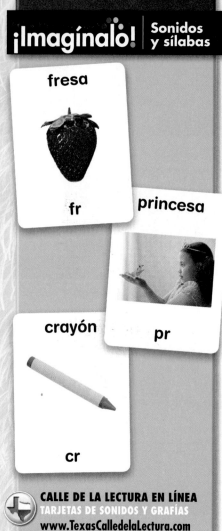

fresa

fr

princesa

pr

crayón

cr

CALLE DE LA LECTURA EN LÍNEA
TARJETAS DE SONIDOS Y GRAFÍAS
www.TexasCalledelaLectura.com

Fonética

Grupos consonánticos con *r*

Sonidos y sílabas que puedo combinar

c o m pr a r

tr o m p e t a

e s cr i b e

S a n dr a

fr a n c é s

Oraciones que puedo leer

1. Mi hermano toca la trompeta en la banda de su escuela.

2. Sandra va a comprar lápices de colores.

3. El maestro de francés escribe la frase en el pizarrón.

¡Ya puedo leer!

El granjero está triste porque su gallo ya no canta. El gallo se la pasa dormido casi todo el día y come poco. Por las tardes, se para en el marco de la ventana del granero y dormita.

–Ese gallo es viejo –dijo su esposa.

Al granjero se le ocurre una idea. El domingo va al mercado. A lo lejos del camino el gallo ve que el granjero trae algo. Ahora el gallito canta cada mañana y está contento porque tiene amigos. Tres gallinas y sus pollitos se pasean por la granja.

Has aprendido

🔵 Grupos consonánticos con *r*

Palabras de uso frecuente

triste gallo ventana viejo
idea camino

Los músicos de Bremen

narrado como obra de teatro por Carol Pugliano
ilustrado por Jon Goodell

Género

Obra de teatro/Cuento de hadas Una **obra de teatro** es un cuento escrito para ser representado para otros. Un **cuento de hadas** a menudo tiene lugar hace mucho tiempo y en un país lejano. Los personajes son de fantasía. Ahora leerás sobre cuatro animales que se hacen amigos y viajan a un pueblo lejano.

Pregunta de la semana

¿Por qué es buena idea trabajar unidos?

NARRADOR 1: Érase una vez un burro que durante años trabajó mucho para su dueño. Día tras día, llevaba pesadas bolsas de cereal hasta el molino.

NARRADOR 2: Pero el burro se hizo viejo. Ya no podía trabajar tanto. Un día escuchó a su dueño hablando de él. Decía que ya no lo necesitaba. El burro se preocupó.

BURRO: ¡Ay, no! ¿Qué harán conmigo?
Tengo que huir. Iré a Bremen.
Allá podré ser un gran músico.
(El burro canta esta canción:)

A Bremen pronto me iré.
¡Allá quiero llegar!
Allí mi música tocaré.
¡A la gente le va a gustar!
Un jijau daré, y jijau diré.
Un ji aquí, y un jau allá,
por todos lados, jijau.
A Bremen pronto me iré.
¡Allá quiero llegar!

NARRADOR 1: Así, el burro se fue esa noche. No había andado mucho cuando vio un perro echado en el suelo.

NARRADOR 2: El perro se veía débil. Además, parecía triste. El burro se acercó a hablar con el perro.

BURRO: ¿Qué te ocurre, amigo mío?

PERRO: ¡Ay de mí! Ahora que estoy viejo y débil, ya no puedo cazar. Mi dueño dice que ya no me necesita. Me asusté, así que huí. Ahora no sé qué voy a hacer.

BURRO: Puedes ir a Bremen conmigo. Voy a ser músico. ¿Quieres venir?

PERRO: ¡Me encanta la idea! Puedo ladrar lindas melodías.

PERRO Y BURRO: Hacia Bremen nos iremos. ¡Allá queremos llegar! Allí nuestra música tocaremos. ¡Nos vamos a divertir!

BURRO: Un jijau daré, y jijau diré. Un ji aquí, y jau allá, por todos lados, jijau.

PERRO: Un guau guau daré, y guau guau diré. Un guau aquí, y un guau allá, por todos lados, guau guau.

PERRO Y BURRO: Hacia Bremen nos iremos. ¡Allá queremos llegar!

NARRADOR 1: Entonces el burro y el perro partieron hacia Bremen. De pronto, vieron un gato sentado en el camino.

NARRADOR 2: El gato tenía la cara más triste que el burro y el perro hubieran visto jamás. Pararon para saber qué le pasaba.

PERRO: Hola, amigo. ¿Por qué estás tan triste?

GATO: ¡Ay! Ahora que estoy viejo y mis dientes no están afilados, no puedo cazar ratones. Mi dueño ya no me necesita. No sé qué voy a hacer.

BURRO: Ir a Bremen con nosotros, ¡eso es lo que harás! Vamos a ser músicos. ¿Quieres venir?

GATO: ¡Muy buena idea! A mí me encanta maullar.

BURRO, PERRO Y GATO:
Hacia Bremen nos iremos.
¡Allá queremos llegar!
Allí nuestra música tocaremos.
¡Tenemos talento musical!

BURRO: Un jijau daré,
y jijau diré. Un ji aquí, y un
jau allá, por todos lados, jijau.

PERRO: Un guau guau daré,
y guau guau diré. Guau
aquí, y guau allá, por todos
lados, guau guau.

GATO: Un miau miau daré,
y miau miau diré. Un miau
aquí, y miau allá, por todos
lados, miau miau.

TODOS: Hacia Bremen
nos iremos. ¡Allá
queremos llegar!

NARRADOR 1: Los tres músicos caminaron un poco más y llegaron a un corral. Ahí escucharon a un gallo que cantaba tristemente.

GALLO: ¡Quiquiriquí! ¡Quiquiriquí!

BURRO: Vaya, tu canto es muy triste. ¿Qué te pasa, amigo?

GALLO: Yo cantaba para despertar al granjero todas las mañanas. Pero él acaba de comprar un reloj despertador. Ya no necesita de mi canto, así que quiere que me vaya. Ahora canto ¡quiquiri-*no!* ¡Ay! ¿Qué voy a hacer?

PERRO: Ven a Bremen con nosotros. Vamos a ser músicos.

GATO: Con tu hermoso canto, ¡seremos un grupo maravilloso!

GALLO: Quiquiri-*sí*, ¡creo que es una gran idea! ¡Vamos!

BURRO, PERRO, GATO Y GALLO: Hacia Bremen nos iremos. ¡Allá queremos llegar! Allí nuestra música tocaremos. ¡Todos nos van a escuchar!

BURRO: Un jijau daré, y jijau diré. Un ji aquí, y un jau allá, por todos lados, jijau.

PERRO: Un guau guau daré, y guau guau diré. Guau aquí, y guau allá, por todos lados, guau guau.

GATO: Un miau miau daré, y miau miau diré. Un miau aquí, y miau allá, por todos lados, miau miau.

GALLO: Un quiquiriquí daré, y quiquiriquí diré. Un quiquí aquí, y un riquí allá, por todos lados, quiquiriquí.

TODOS: Hacia Bremen nos iremos. ¡Allá queremos llegar!

NARRADOR 2: Los cuatro músicos caminaron hasta la noche. Por fin, vieron un letrero que decía Bremen. Bailaron de emoción. También estaban muy cansados. Querían descansar.

NARRADOR 1: Vieron la luz de una casita en el camino. Se acercaron a la ventana, pero ninguno era tan alto como para mirar adentro. Entonces, el perro se paró sobre el burro, el gato sobre el perro y el gallo sobre el gato, y así pudo mirar adentro.

PERRO: ¿Qué ves, gallo?

GALLO: ¡Creo que hay tres ladrones! Están sentados a una mesa ¡repleta de comida deliciosa!

GATO: ¿Comida? ¡Me muero de hambre! ¿Qué hacemos? ¡Tenemos que sacarlos de la casa!

GALLO: Tengo una idea. Escuchen con atención.

NARRADOR 2: El gallo les susurró su plan.

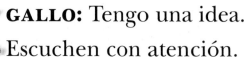

NARRADOR 1: De repente, los cuatro comenzaron a cantar. Hicieron mucho ruido. Cuando los ladrones oyeron a los animales, ¡salieron de la casa corriendo y gritando!

NARRADOR 2: Los cuatro músicos entraron a la casa. Allí comieron hasta quedar llenos. Entonces, ya era hora de ir a dormir.

NARRADOR 1: El burro se durmió sobre el suave pasto del patio. El perro, detrás de la puerta principal. El gato, cerca del calor de la chimenea. Y el gallo, sobre un estante.

NARRADOR 2: Después los ladrones regresaron para terminar su banquete.

LADRÓN 1: Quizá ese ruido fue el viento. Además, quiero terminar mi carne asada!

LADRÓN 2: ¡Ya puedo saborear ese puré de papas!

LADRÓN 3: Iré primero, para estar seguro de que no hay peligro.

NARRADOR 1: El ladrón entró a la casa. Tenía frío. Se acercó a la chimenea para calentarse. Ahí estaba el gato, que le rasguñó la cara.

NARRADOR 2: El ladrón corrió hacia la puerta principal. El perro se asustó y le mordió una pierna. El ladrón salió corriendo y tropezó con el burro, que le dio una patada.

NARRADOR 1: Todo este ruido despertó al gallo, quien empezó a chillar: "¡Quiquiriquíííí!" El ladrón corrió hacia sus amigos.

LADRÓN 3: ¡Hay cuatro monstruos horribles adentro! Uno me rasguñó con sus largas uñas. Otro me mordió. Otro me pateó. Y el cuarto gritó: "¡Aquí voy por tiii!"

LADRÓN 1: ¡Cuatro monstruos! ¡Vámonos de aquí!

NARRADOR 2: Y los ladrones dejaron el pueblo, y nunca más se supo de ellos.

NARRADOR 1: Pero los cuatro músicos se quedaron allí. Cantaban todas las noches en Bremen, donde llegaron a ser ¡los famosos músicos de la aldea de Bremen!

TEKS

2.8.A.1 Identificar los elementos de un diálogo. 2.8.A.2 Usar los elementos de un diálogo en obras informales. 2.12.A.1 Leer en forma independiente por algún período de tiempo. 2.14.C.1 Describir el orden de los sucesos o las ideas de un texto.

¡Imagínalo! | Volver a contar

Piensa críticamente

1. ¿En qué se parece esta obra de teatro a *El más fuerte de todos*? ¿En qué se diferencia? **De texto a texto**

2. ¿Por qué crees que la autora usa narradores en esta obra de teatro? **Propósito del autor**

3. ¿Qué sucede cuando los animales cantan fuera de la casa en la página 291? **Causa y efecto**

4. ¿Qué sucede primero, después y al final en esta obra de teatro? **Estructura del cuento**

5. Mira de nuevo y escribe
Mira de nuevo la obra de teatro. ¿Qué animales forman Los músicos de Bremen? Usando los elementos de diálogo, escribe una escena sobre un quinto músico de Bremen.

PRÁCTICA PARA EL EXAMEN Respuesta desarrollada

296

Conoce a la autora

Carol Pugliano-Martin

Carol Pugliano-Martin ha escrito muchas obras de teatro para que las representen los niños en las escuelas. Algunas de sus obras son sobre personas reales de Estados Unidos. Otras cuentan sobre héroes de cuentos folclóricos de los Estados Unidos. Carol Pugliano-Martin vive en White Plains, Nueva York.

Lee otros libros sobre trabajar unidos.

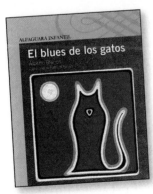

El blues de los gatos

Kikirikí Quiquiriquí

Usa el Registro de lecturas del *Cuaderno de lectores y escritores*, para anotar tus lecturas independientes.

TEKS

2.18.A.1 Escribir cuentos breves que incluyan un principio. **2.18.A.2** Escribir cuentos breves que incluyan un medio. **2.18.A.3** Escribir cuentos breves que incluyan un final. **2.21.A.4.i** Comprender y utilizar artículos (ej., *un, una, la, el*) en el contexto de la lectura, la escritura y la expresión oral.

Escritura narrativa

Cuento de hadas

Un **cuento de hadas** tiene personajes inventados y sucesos mágicos. *La cenicienta* y *Juan y los frijoles mágicos* son cuentos de hadas. El modelo del estudiante, en la página siguiente, es un ejemplo de cuento de hadas.

Instrucciones Piensa en un cuento de hadas en el cual los personajes trabajan juntos. Escribe tu propio cuento de hadas acerca de personajes que trabajan juntos.

¡Escribamos!

Aspectos principales de los cuentos de hadas

- cuentan sobre personajes y sucesos mágicos
- los personajes suelen ser muy buenos o muy malos

CALLE DE LA LECTURA EN LÍNEA
GramatiRitmos
www.TexasCalledelaLectura.com

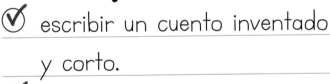

Lista del escritor

Recuerda que debes...

- ✓ escribir un cuento inventado y corto.
- ✓ escribir un principio, un medio y un final.
- ✓ usar los sustantivos masculinos y femeninos correctamente, incluyendo sus artículos.

Una casa nueva para los ratones

Una vez una familia de ratones vivía en el bosque. La mamá y el papá querían una casa nueva.

Entonces los ratones pidieron un deseo. ¡De pronto aparecieron las paredes de un castillo pequeño!

Todos los ratones trabajaron para hacer un castillo con esas paredes. Los ratones pequeños ayudaron. Desde entonces, la familia vive feliz en el castillo.

Género:
Los **cuentos de hadas** cuentan sucesos mágicos.

El escritor usa **sustantivos masculinos** y **sustantivos femeninos** correctamente.

Característica de la escritura: Organización:
El cuento tiene un principio, un medio y un final.

Normas

Sustantivos masculinos y femeninos

Recuerda Los **sustantivos** pueden ser **masculinos** o **femeninos.** Los artículos siempre concuerdan con los sustantivos.

un perro, una gata, unos bates, unas pelotas, la mesa, el libro, las uvas, los tomates

TEKS

2.3.B.4 Buscar aclaración sobre otros textos. **2.6.A.1** Identificar las moralejas, como temas en fábulas, leyendas, mitos o cuentos. **2.6.B.1** Comparar diferentes versiones del mismo cuento, de cuentos folclóricos contemporáneos y tradicionales, con respecto a sus personajes. **También 2.6.B.2, 2.6.B.3.**

Estudios Sociales en Lectura

Género
Cuento folclórico

- Los cuentos folclóricos son historias que se han transmitido a través de los años.

- Los cuentos folclóricos usualmente tienen partes que se repiten.

- Los conflictos, o problemas del cuento, usualmente son entre personas o animales que se comportan como personas.

- Los cuentos folclóricos usualmente tienen una moraleja, o lección, como tema.

- Lee "Un tonto se va de pesca". Mira los elementos que hacen que esta historia sea un cuento folclórico.

Un tonto se va de pesca:
Una versión de un cuento africano

Escrito por Elizabeth Nielsen
Ilustrado por Dylan Weeks

Cerca de un bosque en África vivía un hombre llamado Anansi. Anansi no era bueno para cazar, pelear o trabajar. Era bueno para ser astuto.

Un día Anansi invitó a Anene a pescar. Anene era callado y bondadoso. Sus amigos estaban preocupados que Anansi le tomara el pelo. Sin embargo, Anene no tenía miedo. —Conozco bien a Anansi —dijo.

Anansi y Anene caminaron hacia el río. Anene dijo: —Anansi, vamos a trabajar en equipo. Yo cortaré las ramas para las trampas, y tú te puedes cansar por mí.

A Anansi no le gustó la idea. —¡Por supuesto que no! —le dijo a Anene—. ¿Por qué me he de querer cansar? ¡Yo cortaré las ramas y tú puedes cansarte por mí! Así que Anene se sentó mientras Anansi cortaba las ramas.

Pensemos...

¿Qué sabemos hasta ahora acerca de Anansi?
Cuento folclórico

301

Pensemos...

¿Por qué Anansi
hace todo el
trabajo?
Cuento folclórico

Anene dijo: —Alguien tiene que hacer el trabajo, y alguien se tiene que cansar. Pero Anansi era demasiado astuto para Anene. —¡Por supuesto que no! No soy ningún tonto. Yo seré el que haga el trabajo y tú puedes ser el que se canse. Así que Anene se sentó mientras Anansi hacía las trampas.

Anene lo intentó una vez más cuando era tiempo de poner las trampas en el agua. —Hay tiburones en el agua, Anansi —dijo—. Yo caminaré por el agua para poner las trampas y tú puedes morir por mí.

—¡Esperas que muera por ti! —gritó Anansi—. ¡Eres un tonto! Yo pondré las trampas en el agua. Si me muerde un tiburón, tú deberás morir por mí.

Pensemos...

¿Cuál es el conflicto
en el cuento?
¿Cuáles son los
personajes?
Cuento folclórico

Al día siguiente, Anansi y Anene hallaron unos cuantos peces en las trampas. Anene dijo: —Mira Anansi. Probablemente habrá más peces mañana. Tú toma estos pocos. Yo esperaré por la pesca de mañana.

—¡Qué! —gritó Anansi—. ¡Crees que me vas a engañar! Yo esperaré por la pesca de mañana. Tú puedes tomar los peces de hoy. Así que Anene tomó los peces y los vendió en el mercado.

Los siguientes días, Anansi convenció a Anene para que tomara los peces mientras él esperaba una mejor pesca.

Pensemos...

¿Cómo va aumentando el conflicto?
Cuento folclórico

Al final, las trampas se pudrieron. Anene dijo: —Anansi, es tu turno. Llevaré a vender las trampas al mercado. Tú te puedes quedar con el resto de los peces.

Anansi pensó: "De seguro que esas trampas valen un montón de dinero". Le dijo a Anene: —No, yo llevaré las trampas. Quédate con los peces.

Pero cuando Anansi trató de vender las trampas, la gente de la villa se enojó. —¿Quién quiere trampas podridas? —gritaron—. ¿Crees que somos tontos?

De pronto, Anansi no se sintió tan astuto. Estaba muy cansado. No tenía dinero, ni peces, sólo unas trampas que no servían. Se preguntó que había hecho mal.

Anene dijo: —Anansi, ¿te acuerdas que querías que un tonto fuera a pescar contigo? Bueno, la única persona a quién hiciste tonto fue a ti mismo.

Pensemos...

¿Cuál piensas que es el tema de este cuento? ¿Por qué piensas eso? **Cuento folclórico**

Pensemos...

Relacionar lecturas Las dos selecciones usan repetición. ¿Qué partes se repiten en *Los músicos de Bremen* y en "Un tonto se va de pesca"?

Escribir variedad de textos Escribe un párrafo corto para explicar por qué piensas que las historias usan repetición.

CALLE DE LA LECTURA EN LÍNEA
ACTIVIDADES DE VOCABULARIO
www.TexasCalledelaLectura.com

Vocabulario

Un **homófono** es una palabra que suena igual que otra palabra. Se escribe diferente y tiene un significado diferente.

¡Practícalo! Indica las palabras homófonas en cada oración. Di el significado de cada palabra homófona.

1. Bebo mi zumo mientras sumo este problema.

2. Hasta mañana estará la bandera a media asta.

Fluidez

Leer con expresión

Diferentes personajes tienen diferentes voces. Al leer en voz alta, trata de leer de la manera en que hablaría el personaje. Asegúrate de que entiendes lo que lees.

¡Practícalo! Lee las oraciones con expresión.

1. La araña diminuta gritó: "¡Ayúdenme! ¡Tengo que esconderme!"

2. El niño dijo en voz baja: "No escuché nada".

Lectura y medios de comunicación

Reconocer y explicar los propósitos de los medios de comunicación

Los medios de comunicación informan y entretienen. Hay muchos medios de comunicación que entretienen.

¡Practícalo! Dile a la clase acerca de algo que viste, escuchaste o leíste en un medio de comunicación. Menciona el medio de comunicación. ¿Te entretuvo? ¿Te informó?

Sugerencias

Escuchar...

• Haz preguntas relevantes para aclarar lo que escuchaste.

Hablar...

• Explica de qué manera las palabras afectan el significado en los medios de comunicación.

Trabajar en equipo...

• Sigue las reglas para la discusión en clase.

TEKS

2.28.A Escuchar atentamente a los hablantes, formulando preguntas para aclarar la información.

2.29.A Comentar información e ideas sobre el tema en discusión, hablando claramente, a un ritmo adecuado y usando las normas del lenguaje pertinentes.

Vocabulario Oral

Hablemos sobre

Resolver problemas

- Comenta la información sobre resolver problemas.

- Comenta tus ideas sobre ayudar a los necesitados.

CALLE DE LA LECTURA EN LÍNEA
VIDEO DE HABLAR DEL CONCEPTO
www.TexasCalledelaLectura.com

TEKS
★ Generar oralmente una serie de palabras originales que rimen, usando una variedad de terminaciones.
★ Reconocer el cambio en una palabra hablada al cambiar un fonema o una sílaba.

Conciencia fonológica

Escuchemos

Sonidos

- Busca cosas que tengan sílabas con el sonido /l/ unido a otra consonante, como *globo*.

- Busca algunas palabras con sílabas que se pueden cambiar para formar una nueva palabra, como *uniciclo* y *triciclo*.

- Di palabras que rimen con cosas que ves en la ilustración, como *pavo* y *clavo*.

CALLE DE LA LECTURA EN LÍNEA
TARJETAS DE SONIDOS Y GRAFÍAS
www.TexasCalledelaLectura.com

310

¡Imagínalo! Sonidos y sílabas

globos

gl

flor

fl

CALLE DE LA LECTURA EN LÍNEA
TARJETAS DE SONIDOS Y GRAFÍAS
www.TexasCalledelaLectura.com

Fonética

Grupos consonánticos con l

Sonidos y sílabas que puedo combinar

 fl o r

 pl á t a n o

 a m a b l e

Cl e m e n t e

 gl o b o

Oraciones que puedo leer

1. El plátano y la fresa son mis frutas favoritas.

2. El payaso hace un globo en forma de flor.

3. Clemente es un niño muy amable.

312

¡Ya puedo leer!

Miguel era un ratón glotón que vivía en una granja. Una noche, Miguel tenía hambre. Su mamá le dijo que por la mañana buscarían comida pero él no pudo esperar. Con cuidado brincó las patas de sus hermanitos y sin preguntar se comió todo lo que encontró en el refrigerador. Ahora Miguel se siente mal por toda esa comida. Su mamá lo castigó por su mala obra y no puede jugar. Miguel aprendió la lección y no volverá a desobedecer a su mamá.

Toda buena obra merece su recompensa

México

por Judy Sierra
ilustrado por Will Terry

Género

El **cuento folclórico** es una narración que se transmite de generación en generación a lo largo de muchos años. Ahora leerás sobre cómo un coyote ayuda a un ratón.

314

Pregunta de la semana

¿Cómo podemos trabajar unidos para resolver problemas?

315

Salta, para, huele. Salta, para, huele. Un ratón caminaba por el desierto. De pronto escuchó una voz:

—¡Sssocorro! ¡Ayuda! —El llamado venía de debajo de una roca—. Por favor, sssáquenme de aquí —decía la voz con un silbido muy conocido.

El ratón puso sus patas delanteras en la roca. Era pequeño, pero hizo un gran esfuerzo. La roca rodó a un lado y por allí salió arrastrándose una serpiente.

—Muchasss graciasss —dijo la serpiente mientras enrollaba su fría cola alrededor del ratón.

—Estuve atrapada bajo la roca toda la mañana. Tengo mucha hambre.

—Pero no puedes comerme a *mí* —gritó el ratón.

—¿Por qué no? —preguntó la serpiente.

—Porque yo moví la roca que tenías encima —dijo el ratón—. Te salvé la vida.

—¿Y qué? —silbó la serpiente.

—Pues toda buena obra merece su recompensa —dijo el ratón con optimismo.

La serpiente movió la cabeza de un lado a otro.

—Eres joven —le dijo—. No sabes mucho sobre este mundo. Muchas veces, un bien se paga con un mal.

—¡No es justo! —gritó el ratón.

—Todo el mundo sabe que tengo la razón —dijo la serpiente—. Si logras encontrar alguien que piense como tú, te dejaré libre.

Un cuervo llegó volando a un arbusto cercano.

—Tío —le dijo la serpiente al cuervo—, ayúdanos a resolver una discusión. Yo estaba atrapada bajo una roca y este ratón tonto me liberó. Ahora, cree que yo no debería comérmelo.

—Debería darme las gracias —insistió el ratón.

—Veamos —dijo el cuervo—. He volado por todas partes.
He estado en casi todos los lugares. Esta mañana me comí unos
saltamontes que estaban destruyendo los cultivos de frutas de
un granjero. ¿Acaso me dio las gracias? No. ¡Sólo me usó para
practicar tiro al blanco! Muchas veces, un bien se paga con un
mal. —Y se fue volando.

Un armadillo pasaba por ahí. —¿Qué pasa que hay tanto ruido? —preguntó.

—Sssimplemente, una conversación antes del almuerzo —contestó la serpiente—. Mi joven amigo movió una roca y me liberó. Ahora piensa que yo no debería comérmelo.

—Toda buena obra merece su recompensa — dijo el ratón.

—Espera un momento —dijo el armadillo—. ¿Sabías que era una serpiente antes de mover esa roca?

—Supongo que sí, pero…

—Una serpiente siempre es una serpiente —declaró el armadillo mientras se alejaba andando como pato.

—Eso lo confirma —dijo la serpiente—. Todos están de acuerdo conmigo.

323

—¿Podemos preguntar a una sola criatura más? —suplicó el ratón.

—No creo que alguna vez lo comprendas —gruñó la serpiente.

Un coyote pasó trotando. —¿Comprender qué? —preguntó.

—La serpiente estaba atrapada bajo la roca —explicó el ratón.

—¿Qué roca? —preguntó el coyote.

—Esa roca, la de allá —dijo la serpiente.

—Ah —dijo el coyote—. El ratón estaba bajo la roca.

—¡No, **yo** estaba bajo la roca! —dijo la serpiente.

—¿Una serpiente bajo una roca? Imposible —resopló el coyote—. Nunca he visto algo así.

La serpiente se arrastró hacia el agujero donde había estado atrapada.

—Estaba en este agujero —silbó—, ¡y esssa roca estaba sobre mí!

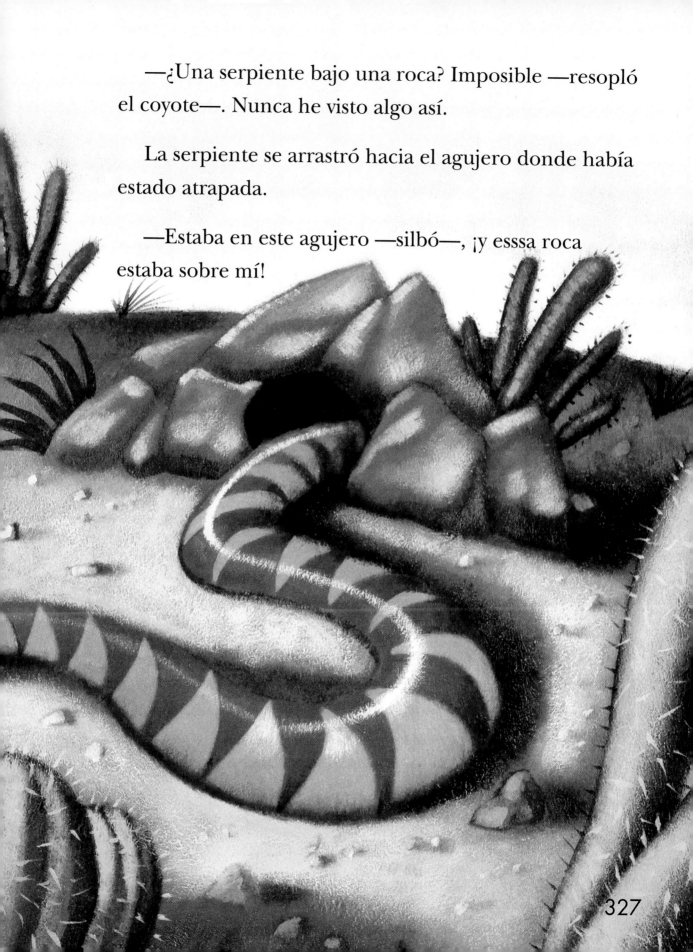

—¿Esta roca? —preguntó el coyote, mientras levantaba la pata y ponía la roca encima de la serpiente.

—¡Sssssssí! —silbó la serpiente—. Ahora muéstrale, ratoncito. Muéstrale cómo me liberaste.

Pero el ratón ya estaba muy lejos.

—Gracias, primo —gritó mientras corría—. Te pagaré el favor algún día.

—Ya lo creo —dijo el coyote—. Toda buena obra merece su recompensa.

TEKS

2.6.A.1 Identificar las moralejas, como temas en fábulas, leyendas, mitos o cuentos. **También 2.9.B.2, 2.9.B.3, 2.12.A.1, 2.CL1.D1, 2.CL1.E.1, 2.CL1.F.2.**

¡Imagínalo! | Volver a contar

CALLE DE LA LECTURA EN LÍNEA
ORDENACUENTOS
www.TexasCalledelaLectura.com

Piensa críticamente

1. ¿Qué otros cuentos has leído donde los animales actúan como personas? De texto a texto

2. ¿Qué mensaje crees que la autora está tratando de darte en este cuento? Propósito del autor

3. ¿Qué personajes piensan de la misma manera? ¿Qué personajes piensan de distinta manera? Comparar y contrastar

4. ¿Por qué quiere el coyote que la serpiente se vuelva a deslizar bajo la roca? Inferir

5. Mira de nuevo y escribe Mira de nuevo las páginas 318–319. ¿Qué quiere decir el ratón con "toda buena obra merece su recompensa"? Da evidencia que apoye tu respuesta.

PRÁCTICA PARA EL EXAMEN Respuesta desarrollada

Judy Sierra

Desde niña, a Judy Sierra le ha encantado contar cuentos y hacer representaciones. Sus libros se nutren de esta experiencia. "Escribir es un trabajo y a veces hay dificultades y frustraciones. Lo que más me gusta de ser escritora es pasar tiempo con niños y adultos que aman la lectura", dice ella.

Will Terry

Will Terry estudió ilustración y sus trabajos se han publicado en libros, revistas, anuncios publicitarios. A Will y a su familia les encanta practicar *snowboard*, ciclismo de montaña y acampar.

Lee otros libros sobre trabajar unidos.

El loro Tico Tango

Siempre o nunca de vez en cuando

Registro de lecturas

Usa el Registro de lecturas del *Cuaderno de lectores y escritores*, para anotar tus lecturas independientes.

TEKS

2.21.A.2.iii Comprender y utilizar sustantivos (comúnes) en el contexto de la lectura, la escritura y la expresión oral. **También 2.18.A.1, 2.18.A.2, 2.18.A.3, 2.21.A.4.i.**

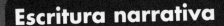
¡Escribamos!

Aspectos principales de un cuento folclórico

- es un cuento que se ha trasmitido de una generación a otra
- por lo general se premian las buenas acciones
- por lo general, se castigan las malas acciones

CALLE DE LA LECTURA EN LÍNEA
GramatiRitmos
www.TexasCalledelaLectura.com

Cuento folclórico

Un cuento folclórico es un cuento que ha pasado de una generación a otra. El modelo del estudiante, en la página siguiente, es un ejemplo de cuento folclórico.

Instrucciones Piensa en los problemas que ocurren cuando no trabajamos juntos. Escribe un cuento folclórico sobre animales que no quieren trabajar juntos.

Lista del escritor

Recuerda que debes...

☑ escribir un cuento folclórico con un principio, un medio y un final.

☑ comenzar las oraciones de diferentes maneras.

☑ usar sustantivos individuales y colectivos.

Bellotas para la cena

Una **rata** pasó todo el día en la casa de una ardilla. A la hora de la cena, la ardilla puso bellotas en una olla.

—A mí no me gustan las bellotas —dijo la rata.

—A mí y a toda mi **familia** nos encantan las bellotas —dijo la ardilla.

—¡Yo no voy a comer bellotas! —gritó la rata.

La discusión entre los animales no terminó. Así que los dos se quedaron sin cena.

Característica de la escritura: Oraciones: Las oraciones comienzan de diferentes maneras.

El escritor usa **sustantivos individuales** y **colectivos**.

Género: En los **cuentos folclóricos,** las malas acciones, por lo general, se castigan.

Normas

Sustantivos individuales y colectivos

Recuerda Hay **sustantivos individuales** y **sustantivos colectivos**. Los sustantivos colectivos, aunque estén en singular, designan a un grupo de personas, animales o cosas.

TEKS

2.6.A.1 Identificar las moralejas, como temas en fábulas, leyendas, mitos o cuentos. **2.CL1.F.2** Hacer conexiones con las ideas de otros textos. **También 2.6.B.1, 2.6.B.2, 2.6.B.3.**

Género
Cuento folclórico/ Fábula

- Una fábula es un cuento folclórico. Es un cuento muy corto que tiene una moraleja.

- Una fábula presenta a menudo su moraleja, o tema, al final del cuento.

- Los personajes de una fábula son frecuentemente animales.

- Lee "El león y el ratón". Busca los elementos que hacen a este cuento una fábula.

El león y el ratón

narrado por Claire Daniels
ilustrado por Dan Andreasen

Un día, Ratón chocó por error con León y lo despertó. León atrapó a Ratón y lo levantó por la cola.

—¡No me comas! —lloró Ratón—. Un día te devolveré el favor.

León se rió tan fuerte, que dejó caer a Ratón. León dijo: —¿Cómo puede un ratoncito ayudar a un poderoso león como yo?

Al día siguiente, León cayó en una trampa de cazadores. Quedó atrapado en una red. Los rugidos de León estremecieron la tierra.

Otros animales oyeron a León, pero ninguno quería acercarse a un león enojado. Sólo Ratón corrió hacia León.

—¡Te ayudaré! —dijo Ratón.

León rugió: —¡Eres muy pequeño para ayudarme!

Pensemos...

¿Por qué piensas que Ratón se acercó al "leon enojado"?
Cuento folclórico/Fábula

335

Pensemos...

Compara estos personajes con los personajes de *Toda buena obra merece su recompensa.*
Cuento folclórico/Fábula

Pensemos...

¿Se equivocó León acerca de Ratón? ¿Cómo ayuda Ratón a León?
Cuento folclórico/Fábula

Ratón sólo dijo: —León, no te muevas.

Ratón mordió la red. La mordió durante mucho tiempo, hasta que por fin le hizo un agujero. ¡Ahora León estaba libre!

Justo en ese momento, los cazadores regresaron. León rugió y los hombres huyeron.

336

Un cazador miró hacia atrás y vio al orgulloso León que se iba caminando. El cazador se frotó los ojos. ¿Era posible lo que veía? ¡Un ratón estaba subido sobre el lomo del león!

León y Ratón se hicieron grandes amigos. Después, a León le gustaba decir: "Los amigos pequeños pueden ser los mejores amigos".

Pensemos...

Compara el tema y el argumento con los de *Toda buena obra merece su recompensa*.
Cuento folclórico/Fábula

Pensemos...

Relacionar lecturas El tema de una fábula es la moraleja que enseña. ¿Cuáles son los temas de "El león y el ratón" y *Toda buena obra merece su recompensa*?

Escribir variedad de textos Escribe un párrafo comparando y contrastando los temas.

Vocabulario

Al leer, es posible que leas **palabras poco comunes**. Mira las palabras y dibujos que están cerca para averiguar el significado relevante.

¡Practícalo! Lee cada grupo de oraciones. Usa otras palabras para averiguar el significado relevante de cada palabra en negritas.

1. El agua en el **perol** ya estaba caliente. El cocinero terminó de hacer la sopa.

2. El cachorrito tenía una pata **adolorida**. El dolor no lo dejaba caminar.

Fluidez

Leer con precisión

Lee todas las palabras que ves. No saltes ninguna. Trata de no cometer errores. Así entenderás lo que lees.

¡Practícalo! Lee las oraciones en voz alta.

1. Los zorros, las lagartijas y las serpientes viven en el desierto.

2. Un desierto es un lugar muy seco.

338

Escuchar y hablar

Léele a un compañero todas estas instrucciones. Luego, pídele que las siga.

Dar y seguir instrucciones

Para dar instrucciones, di cada paso en orden. Indica qué haces primero, después y por último. Cuando escuches, haz preguntas para asegúrarte de que entiendes cada paso.

¡Practícalo! Primero, ponte de pie. Luego, pon las manos en el aire y agítalas. Ahora, baja las manos. Luego, voltea hacia la izquierda y ve la parte de atrás de la clase. Por último, voltea hacia la derecha y ve el frente de la clase.

Sugerencias

Hablar...

- Habla claramente cuando te den instrucciones orales.

Trabajar en equipo...

- Si no recuerdas el siguiente paso, pídele a la persona que repita las instrucciones.
- Repite de nuevo las instrucciones.

Ideas Creativas

¿Qué significa ser creativo?

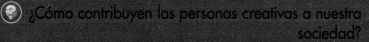

TEKS

2.28.A Escuchar atentamente a los hablantes, formulando preguntas para aclarar la información.
2.29.A Comentar información e ideas sobre el tema en discusión, hablando claramente, a un ritmo adecuado y usando las normas del lenguaje apropiadas.

Vocabulario Oral

Hablemos sobre

La importancia de ser creativo

- Comenta la información sobre la importancia de ser creativo.

- Comenta tus ideas sobre cómo las personas creativas mejoran nuestras vidas.

CALLE DE LA LECTURA EN LÍNEA
VIDEO DE HABLAR DEL CONCEPTO
www.TexasCalledelaLectura.com

¡Has aprendido
0 8 0
palabras asombrosas
este año!

3L

TEKS

★ Generar oralmente una serie de palabras originales que rimen, usando una variedad de terminaciones.
★ Reconocer el cambio en una palabra hablada al cambiar un fonema o una sílaba.

Conciencia fonológica

Escuchemos

Leamos juntos

Sonidos

- Busca cinco cosas que empiecen con *b* y cinco cosas que empiecen con *v*.

- Busca algunas palabras cuya primera sílaba se pueda cambiar para formar otra palabra, como *bote* y *bate*.

- Di palabras que rimen con cosas que ves en la ilustración, como *lobo* rima con *globo*.

CALLE DE LA LECTURA EN LÍNEA
TARJETAS DE SONIDOS Y GRAFÍAS
www.TexasCalledelaLectura.com

345

TEKS

2.2.E.1 Decodificar palabras que tengan los mismos sonidos representados por diferentes letras, con mayor precisión. **2.5** Comprender el vocabulario nuevo y utilizarlo al leer.

¡Imagínalo! | Sonidos y sílabas

vaca

/v/

bate

/b/

Fonética

Palabras con *b, v*

Sonidos y sílabas que puedo combinar

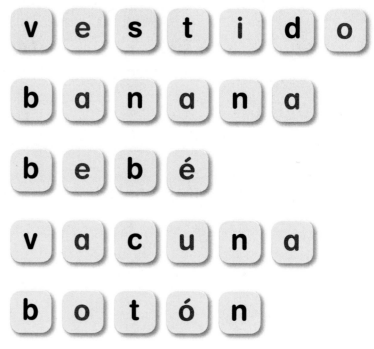

v e s t i d o

b a n a n a

b e b é

v a c u n a

b o t ó n

Oraciones que puedo leer

1. Me gusta desayunar avena con banana.

2. Mi vestido amarillo tiene un botón dorado.

3. La enfermera le pone la vacuna al bebé.

¡Ya puedo leer!

Para fin de cursos, mi grupo de niños exploradores y yo fuimos a acampar a las montañas. El cielo estaba tan claro que pudimos contar las estrellas en la noche. Todos estábamos tan alegres que comenzamos a cantar; luego nos dormimos. Tempranito en la mañana, los guías fueron a explorar, y después salimos todos. Encontramos un arbusto de moras dulces. Yo me llené la boca de la deliciosa fruta. Luego bajamos al pueblo a conocer. Fue una experiencia única y es difícil expresar con palabras todo lo que viví.

Has aprendido

- Palabras con *b*
- Palabras con *v*

Palabras de uso frecuente
montañas   contar   alegres
cantar   fueron   boca
pueblo   palabras

Me llamo
Gabriela

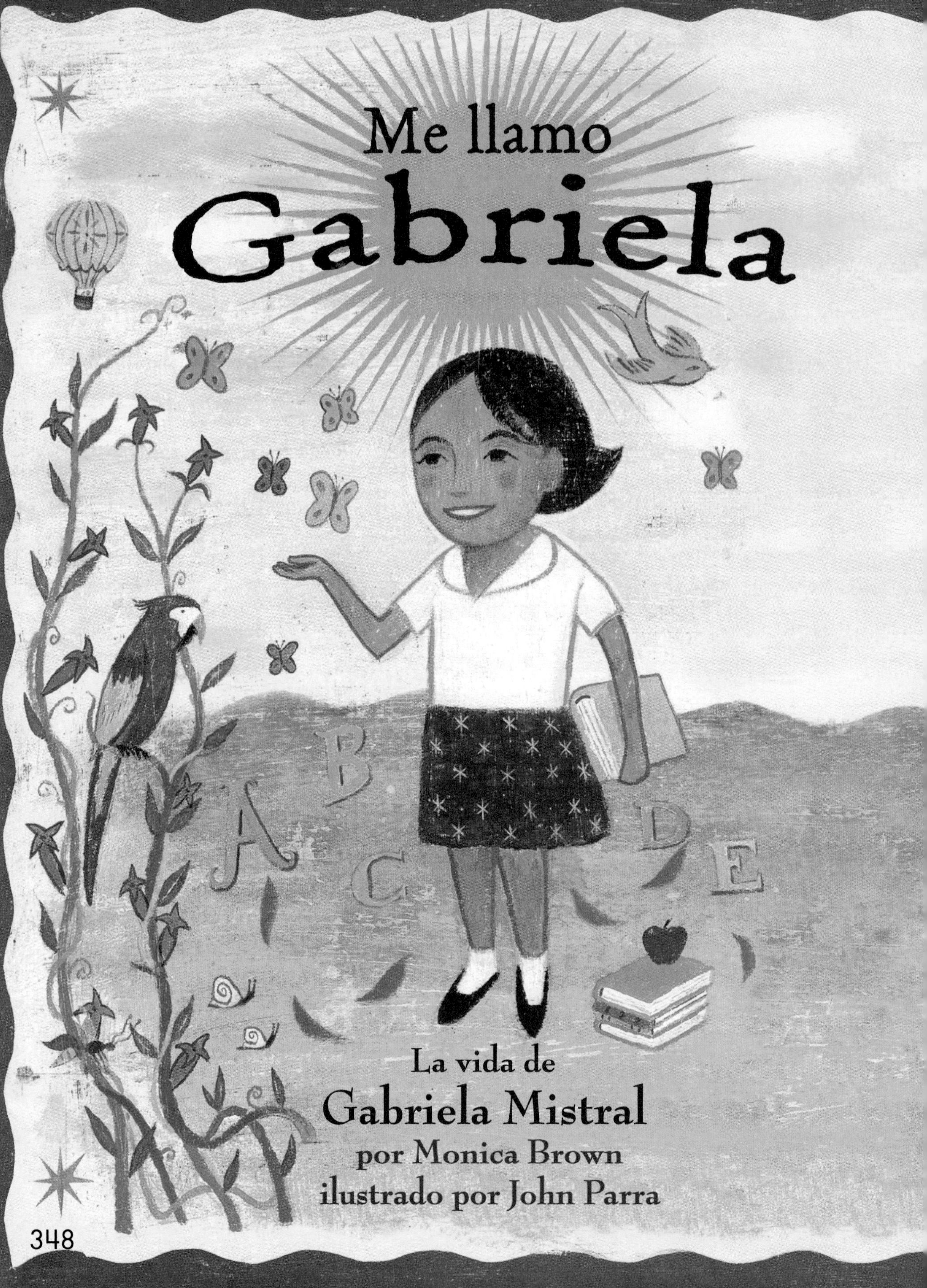

La vida de
Gabriela Mistral
por Monica Brown
ilustrado por John Parra

Pregunta de la semana

¿Cómo contribuyen las personas creativas a nuestra sociedad?

La **biografía** cuenta la vida de una persona real. Ahora leerás la biografía de Gabriela Mistral, una maestra y escritora.

Me llamo Gabriela Mistral. Este nombre lo elegí yo misma porque me gusta cómo suena.

Me encantan las palabras y los sonidos y los cuentos. Cuando era pequeña, vivía con mi madre y con Emelina, mi hermana, en una casita en el hermoso Valle Elqui, en Chile. Desde la ventana de mi dormitorio veía las montañas de los Andes.

Cuando no me podía dormir, miraba las montañas y me preguntaba qué habría detrás de ellas. ¿Cebras con lunares? ¿Flores con colores como el arco iris?

Me encantaban las palabras —me gustaba el sonido que hacían al salir de mi boca y me gustaba la manera como podían expresar lo que yo sentía.

Cuando vi una mariposa posando en una flor, noté que juntas las palabras *posa mariposa* sonaban como un poema.

Aprendí a leer yo sola para poder leer las palabras y los cuentos de otras personas. Leí cuentos sobre príncipes y princesas, y sobre pájaros y flores.

También me gustaba escribir poemas, cantar canciones y contar cuentos con las palabras que sabía. Conté cuentos sobre momentos felices y momentos tristes, sobre madres y bebés y niños pequeños.

Me gustaba jugar a la escuela con los niños de mi pueblo. Yo hacía de maestra y mis amigos Sofía, Ana y Pedro eran los alumnos.

Pedro siempre decía que yo era mala porque le hacía escribir el abecedario hasta que supiera todas las letras del alfabeto, pero yo le decía que el alfabeto es importante. ¿Cómo formaría palabras y contaría sus cuentos si no lo sabía?

En nuestra clase imaginaria, cantábamos canciones como:

> *Los pollitos dicen*
> *pío, pío, pío,*
> *cuando tienen hambre,*
> *cuando tienen frío.*

Ésa era la canción preferida de Sofía.

Durante el recreo nos divertíamos corriendo, persiguiéndonos, jugando y riéndonos.

De grande fui maestra y escritora. Enseñé a los niños de Chile y muchos de mis estudiantes fueron luego maestros.

Seguí escribiendo poemas: poemas alegres, poemas tristes, cuentos sobre madres e hijos. Pero también escribí poemas sobre animales: sobre loros y pavos reales, e incluso ¡sobre ratas!

Viajé a lugares muy lejanos. Nunca vi cebras con lunares ni flores con colores como el arco iris, pero conocí a niños maravillosos y a sus maestros.

Viajé a Europa: a Francia y a Italia.

Viajé a México.

Viajé a Estados Unidos.

En todos los lugares adonde fui, escribí, enseñé y conocí a maestros. Vi cómo en todo el mundo la gente quería que sus hijos aprendieran.

361

Mis cuentos viajaban por el mundo conmigo. A la gente le gustaba leer mis cuentos alegres, mis cuentos tristes, mis cuentos sobre mujeres e hijos, mis cuentos sobre loros y pavos reales, sobre leones viejos y sobre los pescadores que se durmieron en la arena y soñaron con el mar.

Y como a la gente de todo el mundo le encantaron tanto mis cuentos y poemas, me dieron un premio especial: el Premio Nobel de Literatura.

Cuando recibí el importante premio, pensé en las hermosas montañas que veía desde mi ventana en Chile, en mi madre y en mi hermana, en los niños de mi pueblo y en todas las historias que aún hay que contar.

TEKS

2.3.B.3 Buscar aclaración sobre los cuentos. **2.12.A.1** Leer en forma independiente por algún período de tiempo. **2.CL1.E.1** Volver a contar los sucesos importantes en los cuentos, en un orden lógico.

¡Imagínalo! | Volver a contar

Piensa críticamente

1. Gabriela Mistral usaba las palabras para expresar lo que sentía. ¿De qué otra manera podrías expresar lo que sientes?

El texto y tú

2. ¿Cuál fue el propósito de la autora al escribir este cuento? Propósito del autor

3. ¿Por qué crees que la autora decidió escribir este libro como si ella fuera Gabriela Mistral? Propósito del autor

4. ¿Qué preguntas te hiciste mientras leías? ¿Cómo encontraste las respuestas a tus preguntas? Preguntar

5. Mira de nuevo y escribe Vuelve a mirar las páginas 354 y 355. ¿Cómo la ayudaron sus amigos a realizar su sueño de ser maestra? Provee evidencia que apoye tu respuesta.

PRÁCTICA PARA EL EXAMEN Respuesta desarrollada

Conoce a la autora y al ilustrador

Monica Brown

Como a Gabriela Mistral, a Monica Brown le encantan las palabras. Le gusta enseñar y es escritora. Cuando Monica visitó Perú, el país donde nació su madre, le impresionó el paisaje. Allí vio las montañas de los Andes, las mismas que Gabriela veía desde su ventana.

John Parra

John Parra ha hecho muchos dibujos. Sus obras han estado en galerías de arte, pero *Me llamo Gabriela* es el primer libro para niños que ilustra. Este artista de California se inspira en la pintura mexicana.

Lee otros libros sobre el tema.

Usa el Registro de lecturas del *Cuaderno de lectores y escritores*, para anotar tus lecturas independientes.

TEKS

2.21.A.1.ii Comprender y utilizar verbos regulares (presente del modo indicativo) en el contexto de la lectura, la escritura y la expresión oral.

¡Escribamos!

Aspectos principales de un cuento fantástico

- cuenta una historia inventada
- los personajes hacen cosas que personas y animales reales no hacen
- tiene ambientes reales o irreales

CALLE DE LA LECTURA EN LÍNEA
GramatiRitmos
www.TexasCalledelaLectura.com

Cuento fantástico

Un cuento fantástico incluye sucesos que no pueden pasar en la vida real. El modelo del estudiante, en la página siguiente, es un ejemplo de cuento fantástico.

Instrucciones Piensa en cómo la gente ayuda con ideas creativas. Escribe un cuento sobre personajes que hayan creado algo trabajando unidos.

Lista del escritor

Recuerda que debes...

☑ escribir acerca de sucesos irreales.

☑ expresar tus ideas y tu estilo de escritura.

☑ usar los verbos correctamente.

La máquina voladora

Rosa y Paco, dos ratones amigos, miran cómo **vuelan** de alto los pájaros en el cielo. Ellos también quieren volar.

—¿Por qué no **hacemos** una máquina voladora? —pregunta Rosa.

—Sí, me gusta la idea —responde Paco. Primero, con una tabla, hacen un lugar para sentarse. Luego, con dos hojas grandes, hacen dos alas. Después, esperan a que **sople** el viento. El viento los lleva muy lejos.

—¡Estamos volando! —dice Rosa.

Los **verbos** indican una acción.

Género: Este **cuento fantástico** cuenta cosas que no pueden suceder.

Característica de la escritura: Voz: El escritor muestra que le interesa la idea de volar.

Normas

Verbos

Recuerda Una palabra que indica una acción es un **verbo**. La palabra **escribir** es un verbo.

Gabriela **escribe** poemas.

TEKS

2.3.B.2 Hacer preguntas relevantes de otros textos. **2.10.A.1** Distinguir entre los textos de ficción y los textos de no ficción literaria. **2.13.A.2** Explicar el propósito del autor al escribir el texto.

La ronda de Gabriela

por Lisset López

Género
Ficción realista

- La ficción realista cuenta sobre personajes y sucesos inventados.

- Tiene sucesos que podrían pasar en la vida real.

- Sucede en un ambiente que parece real.

- Está escrito para entretener al lector.

- Lee "La ronda de Gabriela". Busca los aspectos que hacen que sea ficción realista.

370

Suena el timbre. ¡Es la hora del recreo!

—¿A qué jugamos?

—¡A la gallinita ciega!

—¡A la rayuela!

—¡A los escondidos!

—Siempre los mismos juegos. ¡Qué aburrido!

—¡Tengo una idea! ¿Por qué no jugamos a la ronda?

—Sí, sí, como en el poema "Dame la mano", de Gabriela Mistral, que leímos ayer.

—¡Qué divertido!

Todos nos damos la mano y comenzamos a cantar:

Dame la mano y danzaremos;
dame la mano y me amarás...

La ronda se va haciendo cada vez más grande. Al final del recreo toda la escuela está en la ronda. Y el patio casi no alcanza.

Pensemos...

¿Escribió este cuento la autora para informar, o lo escribió con otro propósito? Explica tu respuesta.
Ficción realista

Pensemos...

Relacionar lecturas En "La ronda de Gabriela", los niños juegan a la ronda. ¿Qué poema recitan durante la ronda? ¿Quién lo escribió? ¿Qué sabes sobre esta poeta?

Escribir variedad de textos Escribe un poema que podrías recitar durante una ronda. Puede ser un poema tradicional o un poema que inventas tú mismo.

TEKS

2.4.A.1 Leer textos adecuados al nivel del grado, en voz alta y con precisión. **2.5.C.1** Identificar palabras comunes con distinto significado (antónimos). **2.5.C.3** Usar palabras comunes con distinto significado (antónimos). **También 2.21.A.1.ii.**

¡Aprendamos!

CALLE DE LA LECTURA EN LÍNEA
ACTIVIDADES DE VOCABULARIO
www.TexasCalledelaLectura.com

Vocabulario

Un **antónimo** es una palabra que significa lo opuesto de otra palabra.

mojado   seco

Mojado y *seco* son antónimos.

¡Practícalo! Lee estas palabras. Piensa en un antónimo para cada palabra. Escribe oraciones usando los antónimos.

nuevo   caliente   fácil   sucio

Fluidez

Leer con un ritmo apropiado Lee como si estuvieras hablando. No leas muy rápido ni muy lento.

¡Practícalo! Lee estas oraciones en voz alta.

1. Los azulejos son pájaros azules que hacen mucho ruido.

2. Mis amigos son Jerome, Kim, Nico y Sasha.

372

Escuchar y hablar

Prepárate para el tercer grado

Habla claramente cuando presentes a dos personas.

Presentar a dos personas

Cuando presentas a dos personas, tienes que decir el nombre de cada persona y algo de cada una. Usa verbos tales como *conocer* y *presentar*. Habla claramente y al ritmo correcto. Así cada uno entenderá el nombre de la otra persona.

¡Practícalo! Presenta a dos compañeros. Asegúrate de que dices sus nombres y dices algo acerca de ellos. Usa verbos. Espera tu turno para hacer y escuchar las presentaciones.

Sugerencias

Escuchar...

- Escucha con atención el nombre de la persona cuando te presenten a alguien.

Hablar...

- Usa las convenciones adecuadas al hablar.

TEKS

2.28.A Escuchar atentamente a los hablantes, formulando preguntas para aclarar la información.

2.29.A Comentar información e ideas sobre el tema en discusión, hablando claramente, a un ritmo adecuado y usando las normas del lenguaje pertinentes.

Vocabulario Oral

Hablemos sobre

Maneras creativas para comunicarse

- Comenta la información sobre señas y símbolos para comunicarse.

- Comenta tus ideas sobre el habla y la escritura para comunicarse.

CALLE DE LA LECTURA EN LÍNEA
VIDEO DE HABLAR DEL CONCEPTO
www.TexasCalledelaLectura.com

374

UNITED STATES
POSTA

TEKS

★ Generar oralmente una serie de palabras originales que rimen, usando una variedad de terminaciones.
★ Reconocer el cambio en una palabra hablada cuando se agrega una sílaba o un fonema.

Conciencia fonológica

Escuchemos

Sonidos

● Busca cinco cosas que tengan sílabas con *r* y *rr*.

● Di una palabra que rime con algo que ves en la ilustración, como par *rima* con *mar*.

● Añade el sonido /l/ al principio de la palabra *oro*. ¿Cuál es la nueva palabra?

CALLE DE LA LECTURA EN LÍNEA
TARJETAS DE SONIDOS Y GRAFÍAS
www.TexasCalledelaLectura.com

376

377

TEKS

2.2.A.ii Decodificar palabras en contexto y por separado, aplicando el conocimiento de las relaciones que hay entre las letras y los sonidos en diferentes estructuras silábicas, incluyendo sílaba cerrada (CVC, ej., *reloj, los, álbum*). **También 2.2.A.1.v, 2.2.A.1.vi, 2.2.E.1.**

¡Imagínalo! | Sonidos y sílabas

robot
/rr/

pera
/r/

perro
/rr/

CALLE DE LA LECTURA EN LÍNEA
TARJETAS DE SONIDOS Y GRAFÍAS
www.TexasCalledelaLectura.com

Fonética

Palabras con *r, rr*

Sonidos y sílabas que puedo combinar

c o r o n a

c a rr e t a

t o r m e n t a

ch a r c o

c o ll a r

Oraciones que puedo leer

1. Ayer hubo una tormenta que derrumbó árboles.

2. La princesa lleva una corona y un collar.

3. La carreta se atoró en el charco.

¡Ya puedo leer!

El verano lo pasé con mi abuela en el campo.
Después de trabajar en su jardín, mi abuela hacía
sándwiches de jamón, nos dirigíamos hacia el río
y allí comíamos. Cuando se metía el sol y se ponía
fresco, volvíamos a su casa. Siempre que voy
me da globos y regalos. Como mi
abuela vive lejos, le escribo
una carta cada semana.
Le cuento cómo me fue
en la escuela y lo que
hago con mis amigos.
Yo quiero mucho a
mi abuela.

Has aprendido

- Palabras con *r*
- Palabras con *rr*

Palabras de uso frecuente
abuela jardín hacia
fresco lejos carta
globos

Género

La **ficción realista** cuenta sobre sucesos inventados que pueden ocurrir en la vida real. El siguiente cuento es sobre Juno, un niño que encuentra una forma creativa de escribirle a su abuela.

Querido Juno

por Soyung Pak

ilustrado por Susan Kathleen Hartung

Pregunta de la semana

¿En qué formas creativas nos comunicamos?

Juno observaba las brillantes luces rojas
y blancas que cruzaban veloces por el cielo como
estrellas fugaces, hasta que desaparecían a lo lejos.
Se preguntaba de dónde venían. Se preguntaba
hacia dónde iban. Y se preguntaba si alguno de
los aviones venía del pueblito cerca de Seúl donde
vivía su abuela. Allí, su abuela comía caquis en las
noches, antes de acostarse.

Juno miró la carta que llegó ese día. El sobre era largo, blanco y estaba manchado. Vio las marcas rojas y azules en los bordes y supo que la carta venía desde muy lejos. Su nombre y dirección estaban escritos claramente en el sobre, así que la carta era para él. Pero lo mejor de todo era la estampilla especial en la esquina, que le indicaba a Juno que la carta era de su abuela.

383

Juno podía ver a sus padres a través de la ventana. Veía burbujas, como globos de mil colores saliendo del fregadero. Veía platos sucios que sus padres tenían que lavar. Sabía que tenía que esperar hasta que sus padres terminaran de lavar para que pudieran leerle la carta.

—Quizá yo también puedo leer lo que hay
dentro —le dijo Juno a su perro Sam. Sam meneó
la cola. Con mucho cuidado, Juno abrió el sobre.
Encontró una carta doblada en forma de un bonito
cuadrado pequeño.

Lo desdobló. Adentro había una foto y una flor seca. Juno observó las letras y las palabras que no podía comprender. Sacó la fotografía. Era una foto de su abuela abrazando un gato. Sacó la flor roja y amarilla. Se sentía liviana y suave como una hoja seca. Juno sonrió. —Vamos, Sam —dijo Juno—. Busquemos a mamá y papá.

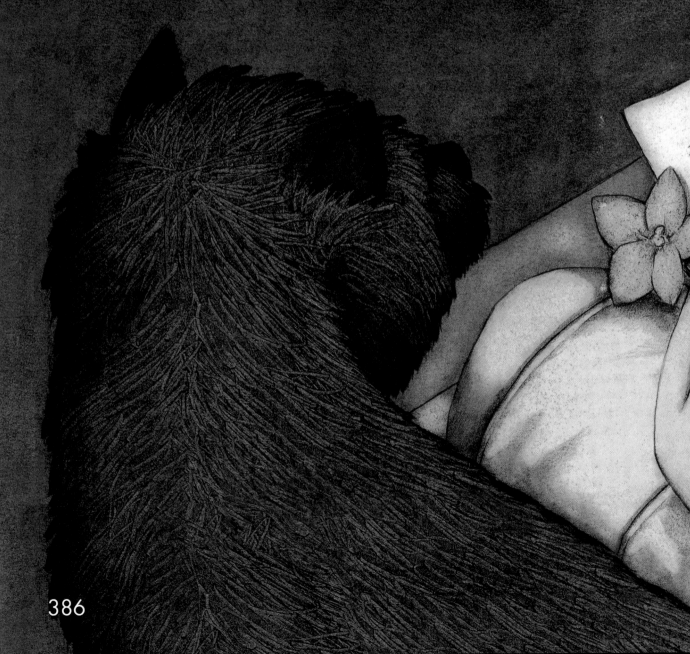

—La abuela tiene un gato nuevo —dijo Juno a su mamá al entregarle la carta—. Y está cultivando flores rojas y amarillas en su jardín.

—¿Cómo sabes que tiene un gato nuevo? —preguntó el papá de Juno.

—No me enviaría la foto de un gato extraño —dijo Juno.

—Supongo que no —dijo el papá de Juno.

—¿Cómo sabes que la flor es de su jardín? —preguntó la mamá de Juno.

—No me enviaría una flor que fuera del jardín de otra persona —contestó Juno.

—No, no lo haría —dijo la mamá de Juno.

Y entonces, la mamá de Juno le leyó la carta.

¿Cómo estás? Tengo un gato nuevo para que me haga compañía. Lo llamé Juno en tu honor. No me puede ayudar a quitar la hierba mala, pero los conejos ya no vienen a comerse mis flores.

Tu abuela

—Tal como lo leíste tú solo —dijo el papá de Juno.

—De verdad lo leí —dijo Juno.

—Así es —dijo su mamá.

En la escuela, Juno le mostró a su clase la foto y la flor seca de su abuela. Su maestro hasta fijó la carta en el tablero. Durante todo el día, Juno estuvo mirando la flor del jardín de su abuela. Él no tenía un jardín para cultivar flores, pero sí tenía un árbol con un columpio.

Juno miró la carta en el tablero. ¿Le gustaría a su abuela recibir cartas también? Juno pensó: "Sí. A ella le gustaría recibir cartas, como a mí". Entonces, decidió escribir una carta.

Al terminar las clases, Juno corrió hasta llegar a su patio. Sacó una hoja del árbol del columpio (la hoja más grande que pudo encontrar).

Juno buscó a su mamá, que estaba sentada en su escritorio. Le mostró la hoja y le dijo: —Voy a escribir una carta.

—Estoy segura de que será una carta muy bonita —respondió ella dándole un gran sobre amarillo.

—Así será —dijo Juno, y entonces comenzó a dibujar.

Primero, dibujó a su mamá y a su papá frente
a la casa. Después, dibujó a Sam jugando bajo
su gran árbol del columpio. Luego, con mucho
cuidado, Juno se dibujó a sí mismo bajo un avión
en una noche con el cielo lleno de estrellas. Cuando
terminó, colocó todo dentro del sobre.

—Ésta es mi carta —anunció Juno con orgullo—.
Si quieren, pueden leerla.

El papá de Juno miró lo que había en el sobre.

Sacó la hoja y dijo: —Sólo un gran árbol con un columpio podría tener una hoja tan grande.

La mamá de Juno sacó uno de los dibujos. —Qué bonito dibujo —dijo—. Sólo los buenos artistas pueden decir tanto con un dibujo.

El papá de Juno le dio unas palmaditas en la cabeza. —Es igual que una carta de verdad —dijo.

—Es una carta de verdad —dijo Juno.

—Sin duda que lo es —dijo su mamá. Entonces enviaron el sobre por correo y esperaron.

Un día llegó un sobre grande. Era de la abuela
de Juno. Esta vez, Juno no esperó. Abrió el sobre
de inmediato.

Adentro Juno encontró una caja de lápices
de colores. Entendió que ella deseaba recibir
otra carta.

Después sacó una foto de su abuela. Notó que
estaba sentada con una gata y dos gatitos. Pensó
por un momento y rió. Ahora su abuela tendría que
buscar otro nombre para su gata, pues en Corea,
Juno es un nombre de niño y no de niña.

Luego sacó un avioncito de juguete.
Juno sonrió. Su abuela iba a visitarlos.

—Tal vez traiga a su gata cuando venga a visitarnos —le dijo Juno a Sam mientras éste se subía a la cama—. Quizá ustedes dos se hagan amigos.

Juno no tardó en quedarse profundamente dormido. Esa noche soñó con un lugar muy lejano, una aldea en las afueras de Seúl, donde su abuela, con su cabellera gris descansando sobre su cabeza como una dona cubierta con azúcar en polvo, bebe con calma su té de la mañana.

Soñó cómo el aire frío se sentía fresco en la mejilla de la abuela. Tan fresco que cruje como las doradas hojas que cubren el jardín de caquis.

TEKS

2.9.B.3 Describir los personajes principales en las obras de ficción, incluyendo sus rasgos. **2.13.A.2** Explicar el propósito del autor al escribir el texto. **2.CL1.D.1** Usar evidencia textual para apoyar la comprensión. **También 2.12.A.1, 2.CL1.E.1.**

¡Imagínalo! | Volver a contar

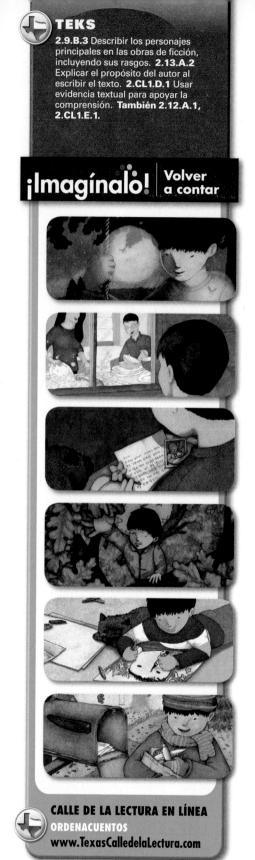

Piensa críticamente

1. Juno le manda una carta a su abuela. ¿A quién le mandarías una carta? ¿Qué dirías en la carta? **El texto y tú**

2. ¿Por qué crees que el autor habla de cartas sin palabras? **Propósito del autor**

3. ¿Qué crees que siente Juno por su abuela? Explica por qué lo crees. **Sacar conclusiones**

4. ¿Qué imagen tenías en la mente cada vez que Juno hablaba de su abuela? **Visualizar**

5. Mira de nuevo y escribe
Mira de nuevo la página 386. ¿Cómo sabe Juno quién mandó la carta? Da evidencia que apoye tu respuesta.

PRÁCTICA PARA EL EXAMEN | Respuesta desarrollada

Conoce a la autora y a la ilustradora

Soyung Pak

Soyung Pak nació en Corea del Sur. Cuando tenía dos años, se mudó con su familia a Nueva Jersey. Cuando veían pasar un avión, lo saludaban con la mano. Jugaban a que la abuela venía desde Corea en el avión.

Susan Kathleen Hartung

A Susan Hartung siempre le encantó dibujar. De niña, a veces se buscaba problemas por sus dibujos, hasta que por fin aprendió a dibujar en hojas de papel.

Lee otros libros sobre ideas creativas.

La cartita que viajó en jet

Las pinturas de Natalia

Usa el Registro de lecturas del *Cuaderno de práctica,* para anotar tus lecturas independientes.

399

Leamos juntos

¡Escribamos!

Aspectos principales de una carta amistosa

- incluye la fecha, un saludo, el cuerpo, una despedida y una firma
- el cuerpo de la carta tiene el mensaje
- cuenta lo que el escritor piensa y siente

CALLE DE LA LECTURA EN LÍNEA
GramatiRitmos
www.TexasCalledelaLectura.com

Carta amistosa

Una carta amistosa le expresa un mensaje a alguien que el escritor conoce. El modelo del estudiante, en la página siguiente, es un ejemplo de una carta amistosa.

Instrucciones Piensa en las diferentes maneras en que las personas se comunican. Escribe una carta amistosa a un amigo o amiga y cuéntale una nueva manera de comunicarse.

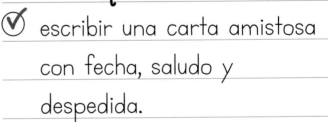

Lista del escritor

Recuerda que debes...

✓ escribir una carta amistosa con fecha, saludo y despedida.

✓ incluir oraciones que se enfoquen en la idea principal.

✓ escribir los verbos correctamente.

400

10 de enero de 2011

Querido Sam:

Mi abuela les mandó un mensaje de texto a mis hemanos. Usó su nuevo teléfono. Ella **quiere** que vayan a mi partido de futbol. Les dijo a qué hora **comienza** el partido. Ellos **contestan** siempre los mensajes. Espero que puedan ir a verme jugar.

Hasta pronto,

Anna

Característica de la escritura:
Enfoque: El escritor expresa una idea importante.

Los **verbos** tienen distinta terminación.

Género: Una **carta amistosa** cuenta lo que el escritor siente.

Normas

Verbos con sustantivos en singular y plural

Recuerda Los **verbos** cambian la terminación para indicar si una o más personas realizan la acción.

Anna **escribe**. Los autores **escriben**.

TEKS

2.3.B.2 Hacer preguntas relevantes de otros textos. **2.9.B.2** Describir los personajes principales en las obras de ficción, incluyendo sus motivaciones. **2.10.A.1** Distinguir entre los textos de ficción y los textos de no ficción literaria. **2.CL1.F.2** Hacer conexiones con las ideas de otros textos. **2.CL1.F.4** Comentar evidencia textual.

Estudios Sociales en Lectura

Género
Ficción histórica

- La ficción histórica es un cuento realista que sucede en el pasado.

- La ficción histórica usa sucesos que pudieron haber sucedido en realidad.

- La ficción histórica mezcla hechos reales del pasado con un cuento inventado.

- Lee "Muchas maneras de ser un soldado". Busca los hechos históricos y los elementos de ficción en el cuento.

Muchas maneras de ser un soldado

Escrito por Wendy Pfeffer
Ilustrado por Paul Weiner

19 de septiembre, 1776 Stites Point, Nueva Jersey

Por muchos días, Rem había visto que los hombres se reunían en el pueblo. Los había escuchado susurrar palabras como "casacas rojas" y "guerra". Los casacas rojas eran los soldados británicos. Las colonias americanas estaban en guerra con Gran Bretaña.

Pensemos...

¿En qué época de la historia estadounidense sucede el cuento? **Ficción histórica**

Los norteamericanos querían liberarse de Gran Bretaña. Así que se rebelaron contra los británicos. Los soldados británicos habían venido a América para pelear, y estaban por todas partes. Los buques de guerra británicos patrullaban la costa.

Rem se puso su ropa. Bajó apresuradamente las escaleras hasta la chimenea. En la repisa había un cuerno. Rem agarró el cuerno. La espada de papá ya no estaba. Algunos años antes, el abuelo le había dado con orgullo la espada al papá de Rem. El abuelo le había dado a Rem el cuerno por su cumpleaños.

El abuelo le contó cómo el padre de Rem había llevado el cuerno a batallas. Le había enseñado a Rem cómo tocar canciones y hacer llamados de guerra.

Si papá iba a ir a pelear, Rem iría también. Con el cuerno en la mano, salió corriendo de la cabaña. Su perro Toby salió como una flecha detrás de él.

Pensemos...

¿Por qué Rem agarra el cuerno? ¿Cómo piensa usarlo? **Ficción histórica**

Rem escuchó ruidos cerca de los árboles. Parecían pisadas. ¿Podría ser un *Tory*? Los *Tories* eran leales a Gran Bretaña. Espiaban a la gente de las colonias. Luego, informaban a los casacas rojas.

Era Rebecca, su vecina.

—Tenemos nuestro cañón —dijo Rebecca, levantando su catalejo—. Y sabemos cómo usarlo. La chica puso su catalejo en el suelo. Rem lo recogió y miró a través de él.

Rem vio una sombra en el agua. Se acercaba cada vez más a Stites Point. De repente, el niño dejó caer el catalejo. —Los casacas rojas se acercan —susurró.

—Sarah —dijo Rebecca—. Iza la bandera. Déjalos pensar que las tropas están aquí.

Pensemos...

¿Piensas que estos personajes son reales o imaginarios? ¿Por qué? **Ficción histórica**

—¡Déjenme ayudar! —gritó Rem.

Rebecca no le hizo caso. Prendió la mecha del cañón con un tizón encendido. Rem observaba cómo se quemaba la mecha. Se sentía inútil. —Se acercan —dijo Rem—. ¡Están casi en la playa!

¡BUUUUUUUM!

El cañón disparó. El pequeño grupo en Foxborough Hill vio la bala de cañón volar silbando cada vez más

cerca de la lancha del enemigo. Luego pasó por encima de las cabezas de los casacas rojas. Rebecca y Sarah empezaron a cargar de nuevo el cañón pero no tenían suficiente tiempo. Necesitaban ayuda.

Rem hizo lo único que podía. Con su cuerno, tocó el llamado a las armas. Ese llamado ordenaba a los soldados a pelear. El toque del cuerno se escuchó a la distancia.

Pensemos...

¿Cuáles son algunos hechos reales en este cuento? **Ficción histórica**

La lancha del enemigo se dio la vuelta repentinamente. —Los engañaste —dijo Rebecca.

—Piensan que nuestros hombres están aquí, listos para pelear —dijo Sarah.

Rem tocó su cuerno hasta que la lancha llegó al buque de guerra británico. Tocó hasta que los casacas rojas estuvieron abordo. El buque levó el ancla. Se dio la vuelta y navegó rumbo al océano. El pequeño grupo en Foxborough Hill gritó de alegría.

Rebecca palmeó a Rem en la espalda. —Rem —dijo—. Eres un héroe. Stites Point está a salvo.

Pensemos...

¿Cuáles son algunos elementos de ficción en este cuento?
Ficción histórica

Pensemos...

Relacionar lecturas En *Querido Juno* y "Muchas maneras de ser un soldado", los personajes querían enviar un mensaje a otras personas. ¿Qué mensajes trataban de enviar?

Escribir variedad de textos Escribe un párrafo contando qué mensaje envió cada personaje y por qué.

TEKS

2.2.F.1 Leer palabras con prefijos comunes. **2.4.A.1** Leer textos adecuados al nivel del grado, en voz alta y con precisión. **2.28.A.1** Escuchar atentamente a los hablantes. **2.29.A.4** Comentar ideas hablando claramente, a un ritmo adecuado y usando las normas del lenguaje apropiadas.

¡Aprendamos!

CALLE DE LA LECTURA EN LÍNEA
ACTIVIDADES DE VOCABULARIO
www.TexasCalledelaLectura.com

Vocabulario

Un **prefijo** es la parte de una palabra que se agrega al principio de la palabra. Un prefijo cambia el significado de la palabra. **Des-** es un prefijo que significa "no". La palabra **destapado** significa "no tapado".

¡Practícalo! Lee y escribe cada palabra. Subraya el prefijo. Luego, escribe el significado de cada palabra.

desobedecer   desaparecer deshacer

Fluidez

Precisión y ritmo apropiado Cuando leas, no agregues ni quites palabras. Si lees muy rápido, es posible que te saltes algunas palabras. Asegúrate de que entiendes lo que lees.

¡Practícalo! Lee estas oraciones en voz alta.

Mis amigos y yo nos divertimos en el invierno.
Nos gusta construir fuertes de nieve.
Hacemos monos de nieve para resguardar el fuerte.

Escuchar y hablar

Escucha con atención las ideas para resolver problemas.

Resolver problemas

Algunas veces tú y tu clase tienen algún problema. ¿Qué puedes hacer? Primero, di cuál es el problema. Asegúrate de que todos entienden el problema. Habla acerca de las maneras para resolverlo. Escucha las ideas de todos. Escoge la idea que funcionará mejor. Juntos pueden resolver el problema.

¡Practícalo! Imagina que tu clase necesita dibujos o mapas para un libro de la clase sobre E.U. Hablen acerca del problema. Compartan ideas sobre cómo resolverlo. Usa verbos con sustantivos singulares y plurales. Luego, toma una decisión. ¿Qué hará la clase?

Sugerencias

Escuchar...

• Pon atención a las ideas de las otras personas mientras hablan acerca de las maneras de resolver el problema.

Hablar...

• Habla claramente cuando compartas tus ideas.

TEKS

2.28.A Escuchar atentamente a los hablantes, formulando preguntas para aclarar la información.
2.29.A Comentar información e ideas sobre el tema en discusión, hablando claramente, a un ritmo adecuado y usando las normas del lenguaje pertinentes.

Vocabulario Oral

Hablemos sobre

Pensamiento creativo

- Comenta la información sobre cómo usar algo de manera diferente.

- Comenta tus ideas sobre el tener un buen plan.

CALLE DE LA LECTURA EN LÍNEA
VIDEO DE HABLAR DEL CONCEPTO
www.TexasCalledelaLectura.com

TEKS
★ Generar oralmente una serie de palabras originales que rimen, usando una variedad de terminaciones.
★ Reconocer el cambio en una palabra hablada al cambiar un fonema o una sílaba.

Conciencia fonológica

Escuchemos

Leamos juntos

Sonidos

- Busca cinco cosas que tengan sílabas con *y* y *ll*.

- Busca algunas palabras con sílabas que se pueden cambiar para formar una nueva palabra, como *rayo* y *yoyo*.

- Di palabras que rimen con cosas que ves en la ilustración, como *pollo* rima con *arroyo*.

CALLE DE LA LECTURA EN LÍNEA
TARJETAS DE SONIDOS Y GRAFÍAS
www.TexasCalledelaLectura.com

avena   avena

Yolanda

442

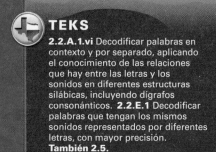

TEKS

2.2.A.1.vi Decodificar palabras en contexto y por separado, aplicando el conocimiento de las relaciones que hay entre las letras y los sonidos en diferentes estructuras silábicas, incluyendo dígrafos consonánticos. **2.2.E.1** Decodificar palabras que tengan los mismos sonidos representados por diferentes letras, con mayor precisión. **También 2.5.**

yoyo

/y/

llave

/y/

Fonética

Palabras con *y, ll*

Sonidos y sílabas que puedo combinar

b a ll e n a

Y o l a n d a

a rr o y o

ll a n o

o r i ll a

Oraciones que puedo leer

1. A Yolanda le gusta montar su caballo en el llano.

2. La ballena es un animal marino muy grande.

3. A la orilla del arroyo encontré una rana.

¡Ya puedo leer!

Mis tíos viven en una playa pequeña en Honduras. Mi tía tiene un restaurante pequeño a donde van muchos turistas. Siempre tiene mucho trabajo. Mi tía dice que a los clientes no les gusta esperar, así que prepara la comida desde muy temprano. A veces batalla para encontrar todos los ingredientes. Entonces va en autobús al mercado de la ciudad. Durante el camino siempre lleva un libro de cocina para leer. Claro que a veces está tan cansada que aprovecha para dormir un poco. La verdad es que trabajar en un restaurante es muy interesante.

Has aprendido

- Palabras con y
- Palabras con ll

Palabras de uso frecuente
playa trabajo esperar
encontrar durante claro
verdad

415

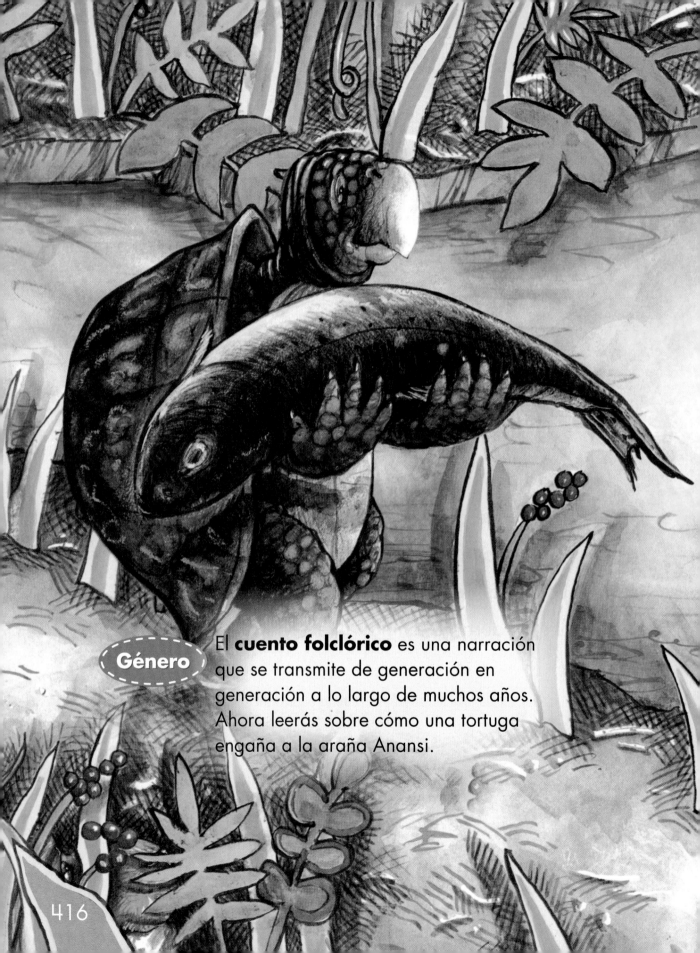

Género

El **cuento folclórico** es una narración que se transmite de generación en generación a lo largo de muchos años. Ahora leerás sobre cómo una tortuga engaña a la araña Anansi.

416

Anansi
se va de pesca

narrado por Eric A. Kimmel
ilustrado por Janet Stevens

Pregunta de la semana

¿Cómo se puede resolver un problema con creatividad?

Una hermosa tarde, cuando la araña Anansi caminaba a la orilla del río, vio acercarse a su amiga la tortuga cargando un gran pescado. A Anansi le encantaba comer pescado, aunque era demasiado floja para pescar por sí misma.

—¿De dónde sacaste ese pescado? —le preguntó a la tortuga.

—Lo atrapé hoy, cuando fui a pescar —respondió la tortuga.

—Yo también quiero aprender a pescar —dijo Anansi—. ¿Me enseñas?

—¡Por supuesto! —dijo la tortuga—. Te espero mañana en la playa junto al río. Vamos a pescar juntas. Dos pueden trabajar más que una.

Anansi no pensaba en hacer ningún trabajo. "La tortuga es lenta y boba", pensó. "La engañaré para que trabaje sola. Después me llevaré los pescados". Pero la tortuga no era tan boba como Anansi pensaba. También tenía un plan.

Al día siguiente, la tortuga llegó temprano.

—Anansi, ¿estás lista para empezar? —preguntó.

—¡Sí! —dijo Anansi—. Te esperaba desde hace rato. Quiero aprender a pescar tan bien como tú.

—Primero, vamos a hacer una red —dijo la tortuga—. Hacer redes es un trabajo difícil. Cuando yo lo hago, trabajo y me canso. Pero como somos dos, podemos compartir la tarea. Una de nosotras puede trabajar mientras la otra se cansa.

—No quiero cansarme —dijo Anansi—. Yo hago la red y tú te cansas.

—Está bien —dijo la tortuga. Le mostró a Anansi cómo tejer una red. Después se tendió a la orilla del río.

—Éste es un trabajo difícil —dijo Anansi.

—Lo sé —dijo la tortuga bostezando—. Me cansa mucho.

Anansi trabajó todo el día tejiendo la red. Mientras más trabajaba Anansi, la tortuga más se cansaba. La tortuga bostezó, se estiró y finalmente se quedó dormida. Después de muchas horas, la red estaba lista.

—Despierta, tortuga —dijo Anansi—. La red está lista.

La tortuga se frotó los ojos. —Esta red es fuerte y liviana. Eres una gran tejedora de redes, Anansi. Sé que trabajaste mucho, porque estoy muy cansada. Estoy tan cansada que tengo que ir a casa a dormir. Volveremos aquí mañana para pescar.

A la mañana siguiente, la tortuga y Anansi volvieron a encontrarse junto al río.

—Hoy vamos a poner la red en el río —dijo la tortuga—. Es un trabajo difícil. Ayer, tú trabajaste mientras yo me cansaba, así que hoy yo trabajaré mientras tú te cansas.

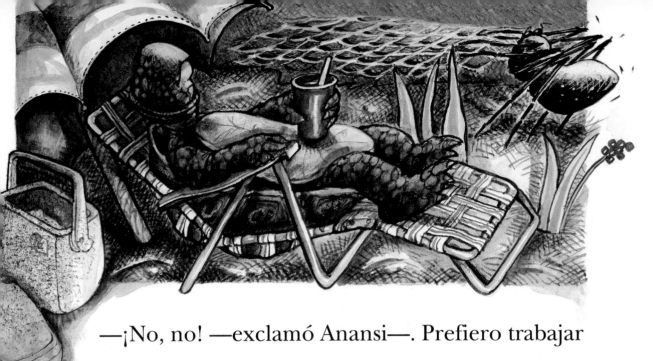

—¡No, no! —exclamó Anansi—. Prefiero trabajar a cansarme.

—Está bien —dijo la tortuga. Así, mientras Anansi trabajaba mucho todo el día para poner la red en el río, la tortuga se tendió a la orilla del río y se cansó tanto que finalmente se quedó dormida.

—Despierta, tortuga —dijo Anansi horas después—. La red está puesta. Estoy lista para empezar a pescar.

La tortuga bostezó. —Anansi, estoy demasiado cansada para hacer algo más hoy día. Volvamos aquí mañana para pescar.

A la mañana siguiente, la tortuga y Anansi se encontraron junto al río.

—Tengo muchas ganas de pescar —dijo Anansi.

—Qué bien —respondió la tortuga—. Pescar es un trabajo difícil. Trabajaste mucho estos dos últimos días, Anansi. Creo que hoy yo debería trabajar y dejar que tú te canses.

—¡Ah, no! —exclamó Anansi—. Quiero pescar. No quiero cansarme.

—Está bien —dijo la tortuga—. Como tú quieras.

Anansi trabajó mucho durante todo el día para sacar la red del río mientras la tortuga se quedó tendida sintiéndose muy, muy cansada.

¡Qué contenta estaba Anansi al encontrar un gran pescado atrapado en la red!

—¿Qué hacemos ahora? —le preguntó a la tortuga.

La tortuga bostezó. —Ahora debemos cocinar el pescado. Cocinar es un trabajo difícil. Tal vez yo podría cocinar mientras tú te cansas.

—¡No! —gritó Anansi. No quería compartir ni un trocito del pescado. —Yo cocino, tú te cansas.

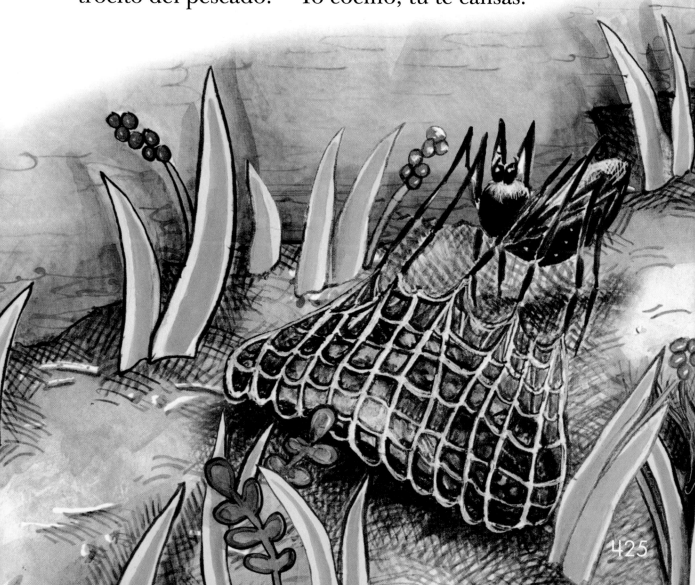

425

Mientras la tortuga observaba, Anansi hizo una
hoguera y cocinó el pescado de la cabeza a la cola.

—El pescado huele delicioso —dijo la tortuga—.
Eres una buena cocinera y trabajaste mucho. Lo
sé, porque estoy muy cansada. Es hora de comer
el pescado. Cuando como sola, como y quedo
satisfecha. Ya que somos dos, compartiremos la
tarea. Una de nosotras come, mientras la otra queda
satisfecha. ¿Cuál de las dos cosas quieres hacer?

—¡Quiero quedar satisfecha! —exclamó Anansi,
pensando sólo en su estómago.

—Entonces yo comeré. —La tortuga empezó a
comer mientras Anansi se tendía a esperar que su
estómago se llenara.

—¿Ya estás satisfecha? —le preguntó la
tortuga a Anansi.

—Todavía no. Sigue comiendo.

La tortuga comió un poco más. —¿Ya
estás satisfecha?

—No. Sigue comiendo.

—¿Ya estás satisfecha?

—Para nada —dijo Anansi—. Tengo
tanta hambre como cuando comenzaste.

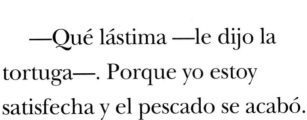

—Qué lástima —le dijo la tortuga—. Porque yo estoy satisfecha y el pescado se acabó.

—¿Qué? —exclamó Anansi. Era verdad. La tortuga se había comido todo el pescado.

—¡Me engañaste! —gritó Anansi cuando se dio cuenta de lo que había sucedido.

—¡No es cierto! —contestó la tortuga.

—¡Claro que sí! Me hiciste hacer todo el trabajo y después te comiste el pescado tú sola. No te vas a librar de ésta. Iré al Árbol de la Justicia.

Anansi corrió hasta el Árbol de la Justicia. El jabalí estaba sentado bajo sus ramas. El jabalí era un juez honesto y justo. Los animales le presentaban a él todos sus problemas.

—¿Qué quieres, Anansi? —preguntó el jabalí.

—Quiero justicia —dijo Anansi—. La tortuga me engañó. Fuimos juntas a pescar. Me engañó para que yo hiciera todo el trabajo y después se comió sola el pescado. La tortuga merece un castigo.

El jabalí sabía que Anansi era muy floja. No podía imaginarla haciendo un trabajo difícil. —¿De verdad hiciste todo el trabajo? —preguntó.

—Sí —respondió Anansi.

—¿Qué hiciste?

—Tejí la red.

La puse en el río.

Atrapé el pescado,

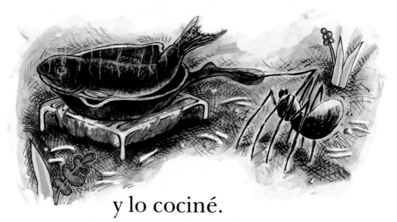

y lo cociné.

—Eso es mucho trabajo. Debes haber terminado muy cansada.

—No —dijo Anansi—. No me cansé para nada. Se cansó la tortuga, no yo.

El jabalí frunció el ceño. —¿Se cansó la tortuga? ¿Qué hizo ella?

—¡Nada!

—Si no hizo nada, ¿por qué se cansó? Anansi, no te creo. Nadie se cansa de no hacer nada. Si la tortuga se cansó, entonces ella hizo todo el trabajo. No me estás diciendo la verdad. Ahora ve a casa y deja de causar problemas.

El jabalí había hablado y el pleito estaba resuelto.
No había nada más que decir. Anansi se fue a casa
avergonzada, y pasó mucho tiempo antes de que
volviera a hablar con la tortuga.

Pero algo bueno resultó de esto. Anansi aprendió
a tejer redes y a usarlas para conseguir comida.
Les enseñó a sus amigas cómo hacerlo y ellas les
enseñaron a sus amigas. Pronto las arañas de todo el
mundo empezaron a tejer. Hasta el día de hoy, donde
sea que encuentres una araña, encontrarás sus redes.

Se llaman "telarañas".

Cómo atar
nudos

Un tope es un nudo atado al final de una cuerda. Se usa para evitar que la cuerda se deslice a través de un agujero.

El Medio nudo es un tipo de nudo de tope. Es un nudo muy sencillo de hacer pero una vez que se aprieta, es muy difícil desatar.

Intenta hacer este nudo con un pedazo de cuerda.

Medio nudo

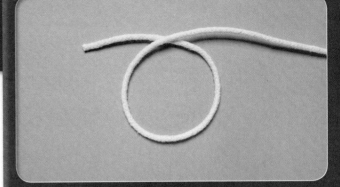

Forma un círculo con la cuerda.

Pasa un extremo de la cuerda a través del círculo.

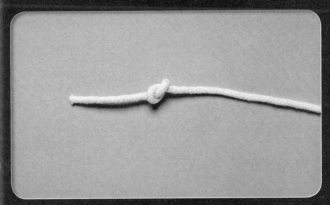

Aprieta el nudo tirando de los dos extremos al mismo tiempo.

435

¡Imagínalo! | Volver a contar

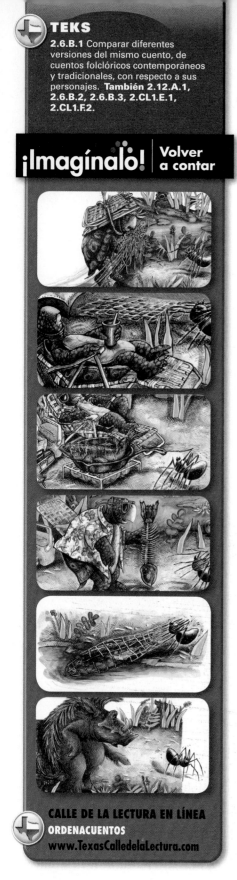

Piensa críticamente

1. ¿Cómo se parece la red que hace Anansi en el cuento a una telaraña? **El texto y el mundo**

2. ¿Estaba el autor tratando de hacerte reír, explicarte algo o darte información? Explícalo.

Propósito del autor

3. Compara y contrasta el cuento "Un tonto se va de pesca" en las páginas 300–305 con este cuento. ¿En qué se parecen? ¿En qué se diferencian?

Comparar y contrastar

4. Vuelve a contar el cuento con tus propias palabras. **Resumir**

5. Mira de nuevo y escribe
Mira de nuevo la página 426. ¿Por qué Anansi no se siente satisfecha? Da evidencia que apoye tu respuesta.

PRÁCTICA PARA EL EXAMEN **Respuesta desarrollada**

Eric Kimmel

Eric Kimmel oyó por primera vez cuentos sobre Anansi en Nueva York cuando era niño. Cuando vivió en las Islas Vírgenes, sus vecinos también le contaron cuentos sobre Anansi. Estos cuentos vienen de África y son muy antiguos. "Me gustaba tanto contar estos cuentos que decidí escribirlos."

Janet Stevens

Antes de dibujar a Anansi, Janet Stevens leyó libros sobre arañas. Pensó sobre cómo mostrar la personalidad de Anansi. "Lo hice a través de sus movimientos y gestos. Anansi no tiene una cara demasiado grande". Ella no quería que Anansi se viera bonita.

Janet Steven ha escrito e ilustrado muchos libros para niños.

Lee otros libros sobre ser creativo.

La carrera del
sapo y el venado

¡Viva la tortuga!

Usa el Registro de lecturas del *Cuaderno de lectores y escritores*, para anotar tus lecturas independientes.

TEKS

2.21.A.1.i Comprender y utilizar verbos regulares (pasado del modo indicativo) en el contexto de la lectura, la escritura y la expresión oral. **2.21.A.1.ii** Comprender y utilizar verbos regulares (presente del modo indicativo) en el contexto de la lectura, la escritura y la expresión oral.
También 2.18.B.1, 2.21.A.1.iii

Escritura narrativa

Poema narrativo

Un poema narrativo es un poema que narra un cuento. El modelo del estudiante, en la página siguiente, es un ejemplo de poema narrativo.

Instrucciones Piensa en cómo se puede resolver un problema siendo creativo. Escribe un poema narrativo en el cual alguien resuelve un problema.

¡Escribamos!

Aspectos principales de un poema narrativo

- tiene palabras escogidas con cuidado y ordenadas en versos
- narra un cuento breve
- puede tener palabras que riman

CALLE DE LA LECTURA EN LÍNEA
GramatiRitmos
www.TexasCalledelaLectura.com

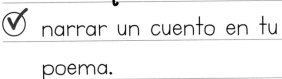

Lista del escritor

Recuerda que debes...

☑ narrar un cuento en tu poema.

☑ hacer que rimen algunas de las últimas palabras de los versos.

☑ usar las normas correctas en las oraciones.

☑ usar los tiempos verbales correctos.

Modelo del estudiante

El sombrero de Trompita

Ayer **invitaron** a una fiesta,
a Trompita, el elefante.
No **sabe** bien qué ponerse
para estar muy elegante.
Con las hojas de una planta
se hace un sombrero brilloso.
Trompita ahora no **duda**
que **quedará** bien hermoso.

La terminación de los verbos indica si la acción sucede en el **presente**, en el **pasado** o en el **futuro**

Característica de la escritura: Normas: Las oraciones comienzan con mayúscula y terminan con un punto.

Género: Lean **el poema narrativo** juntos. Oigan el cuento.

Normas

Verbos (presente, pasado, futuro)

Recuerda Los verbos llevan diferente terminación para indicar cuándo sucede la acción.

cant**o**, cant**é**, cant**aré**; beb**o**, beb**í**, beb**eré**; escrib**o**, escrib**í**, escrib**iré**

439

TEKS

2.7.A.1 Describir cómo la rima, el ritmo y la repetición interaccionan para crear imágenes en la poesía.

Estudios Sociales en Lectura

Género
Poesía

- La poesía tiene a menudo palabras que riman. Esas palabras terminan con el mismo sonido.

- Muchas veces, las adivinanzas toman la forma de una poesía muy corta.

- Una adivinanza es un acertijo. Hay que adivinar la respuesta.

- La respuesta a un acertijo puede ser parte de la rima.

- Lee "Adivina, adivinador". Busca los aspectos que lo hacen poesía.

Adivina, adivinador

por Arturo Corcuera

Nadie como yo pregunta
¿nadie a responder alcanza?
Adivina adivinanza:

Es una represa de agua
con su manguera gigante.
el elefante

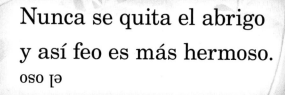

Nunca se quita el abrigo
y así feo es más hermoso.
el oso

440

Es luz que el aire se lleva,
es luz que vuelve y se posa.
la mariposa

Hilando toda la vida
y nunca ha sido hilandero.
el cordero

Pensemos...

¿Cuál es la respuesta a la primera adivinanza? ¿Qué quiere decir "manguera gigante"? **Poesía**

Pensemos...

¿Cuáles son las respuestas a las demás adivinanzas? ¿Cuáles son las palabras que riman? **Poesía**

Pensemos...

Relacionar lecturas Anansi le pidió al jabalí que resolviera un problema que se parecía a una adivinanza. ¿En qué se parecía ese problema a una adivinanza?

Escribir variedad de textos ¿Conoces una adivinanza? Si no, puedes inventar una por tu cuenta. Escríbela en una hoja de papel y preséntala a un compañero. ¡No dejes de escribir la respuesta al revés en el papel!

TEKS

2.4.A.1 Leer textos adecuados al nivel del grado, en voz alta y con precisión. **2.5.C.1** Identificar palabras comunes con distinto significado (antónimos). **2.5.C.3** Usar palabras comunes con distinto significado (antónimos). **También 2.28.A.1, 2.29.A.1, 2.21.A.1.i.**

CALLE DE LA LECTURA EN LÍNEA
ACTIVIDADES DE VOCABULARIO
www.TexasCalledelaLectura.com

Vocabulario

Un **antónimo** es una palabra que significa lo opuesto de otra palabra.

caliente frío

Caliente es un antónimo de *frío*.

¡Practícalo! Completa la oración agregando un antónimo para la palabra en negritas.

1. El libro era **bueno** pero la película fue _____.

Fluidez

Leer con expresión

Personajes diferentes hablan y actúan de maneras diferentes. Cuando leas en voz alta, lee las palabras como si el personaje las estuviera diciendo.

¡Practícalo! Lee las palabras de los personajes de la manera que crees que hablan.

1. Katie preguntó, –¿Es este un buen lugar para pescar?

2. –¡Ayúdenme! gritó la mosca.

442

Escuchar y hablar

Prepárate para el tercer grado

Solamente usa las ideas importantes en un resumen.

Resumir información

Cuando resumes información, la vuelves a contar. Sólo dices lo que es importante. No das muchos detalles. Cuando resumas, habla claramente usando oraciones completas. Di la información en orden. No te apresures. Trata de que las otras personas entiendan lo que dices. Escucha con atención mientras las otras personas resumen su información.

¡Practícalo! Lee un artículo corto de una revista infantil. Resume el artículo para la clase. Usa verbos en pasado y presente para que tu resumen sea claro.

TEKS

2.28.A Escuchar atentamente a los hablantes, formulando preguntas para aclarar la información.
2.29.A Comentar información e ideas sobre el tema en discusión, hablando claramente, a un ritmo adecuado y usando las normas del lenguaje pertinentes.

Vocabulario Oral

Hablemos sobre

Ideas creativas que llevan a sorpresas

- Comenta la información sobre compartir con otros.

- Comenta tus ideas sobre el pensamiento listo.

CALLE DE LA LECTURA EN LÍNEA
VIDEO DE HABLAR DEL CONCEPTO
www.TexasCalledelaLectura.com

444

TEKS

★Generar oralmente una serie de palabras originales que rimen, usando una variedad de terminaciones.
★Identificar sílabas en palabras habladas, incluyendo diptongos.

Conciencia fonológica

Escuchemos

Sonidos

● Busca cinco cosas que tengan los sonidos ia, ie, io, iu, ua, ue, eu y au.

● Cambia el sonido /s/ en hueso a el sonido /v/. ¿Cuál es la nueva palabra?

● Di una palabra que rime con algo que ves en la ilustración, como *bien* rima con *cien*.

CALLE DE LA LECTURA EN LÍNEA
TARJETAS DE SONIDOS Y GRAFÍAS
www.TexasCalledelaLectura.com

EUROPA

100 cuentos por Juanita Páez

447

TEKS

2.2.A.1.iii Decodificar palabras en contexto y por separado, aplicando el conocimiento de las relaciones que hay entre las letras y los sonidos en diferentes estructuras silábicas, incluyendo diptongos. **2.2.B.1** Usar las reglas de ortografía para dividir las palabras en sílabas incluyendo diptongos. **2.5** Comprender el vocabulario nuevo y utilizarlo al leer.

¡Imagínalo! | Sonidos y sílabas

escritorio

io

ciudad

iu

Europa

eu

pie

ie

CALLE DE LA LECTURA EN LÍNEA
TARJETAS DE SONIDOS Y GRAFÍAS
www.TexasCalledelaLectura.com

Fonética

🔊 Diptongos *ia, ie, io, iu, ua, ue, eu, au*

Sonidos y sílabas que puedo combinar

v ia j e

au t o r

p ia n o

d ie n t e

fl au t a

Oraciones que puedo leer

1. Estamos leyendo libros de un mismo autor.

2. A Valentina se le cayó un diente en su viaje a la playa.

3. La maestra de música toca la flauta y el piano.

¡Ya puedo leer!

Rogelio quería un perrito, pero sus papás no se lo querían comprar. Decían que el niño era muy pequeño para alimentar y cuidar a un perro. Además, como vivían en la ciudad, sería difícil sacarlo a pasear. Un día alguien tocó la puerta del departamento de la familia. Era su tío Jorge que le traía un hámster. Rogelio se alegró mucho, pero seguía pensando en un perrito. Rogelio cuidó al hámster muy bien. Sus papás vieron que nadie tenía que recordarle que le diera de comer o que limpiara su jaula. ¡Su siguiente mascota seguro que será un perrito!

Has aprendido

- Diptongos *ia, ie, io, iu*
- Diptongos *ua, ue, eu, au*

Palabras de uso frecuente
comprar alimentar cuidad
puerta nadie siguiente

449

Género

La **ficción realista** cuenta sobre sucesos inventados que podrían ocurrir en la vida real. Ahora leerás sobre Rosa y Blanca, dos hermanas que tienen una idea ingeniosa.

Rosa y Blanca

por Joe Hayes

ilustrado por José Ortega

Pregunta de la semana

¿Cuándo puede una idea creativa producir una sorpresa?

Había una vez dos hermanas llamadas Rosa y Blanca. Ellas se querían mucho. Si la mamá mandaba a Rosa a la tienda a comprar harina para las tortillas, Blanca la acompañaba. Si la mamá le decía a Blanca que barriera la acera del frente de su casa, Rosa la ayudaba.

Su madre siempre decía: "Mis hijas son tan buenas hermanas. Me hacen muy feliz. Creo que soy la madre más afortunada de la ciudad. No, soy la madre más afortunada del país. No, ¡soy la madre más afortunada de todo el mundo!".

Cuando Rosa y Blanca crecieron, Rosa se casó. Ella y su esposo tuvieron tres hijos. Blanca no se casó. Vivía sola.

Un año Rosa plantó un jardín. Blanca también plantó un jardín. Sembraron maíz, tomates y chiles picantes.

Cuando los tomates estuvieron redondos y maduros, Rosa ayudó a recoger los tomates del jardín de Blanca. Y Blanca ayudó a recoger los tomates del jardín de Rosa.

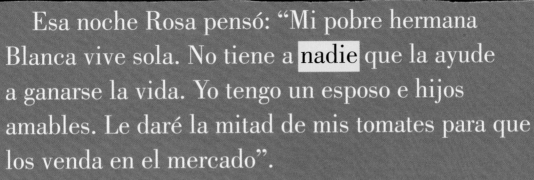

Esa noche Rosa pensó: "Mi pobre hermana Blanca vive sola. No tiene a nadie que la ayude a ganarse la vida. Yo tengo un esposo e hijos amables. Le daré la mitad de mis tomates para que los venda en el mercado".

Rosa llenó una canasta con tomates y partió a la casa de Blanca.

Esa misma noche Blanca pensó: "Mi pobre hermana Rosa tiene esposo y tres hijos. Hay cinco bocas que alimentar en su casa. Yo no tengo a nadie. Le daré la mitad de mis tomates para que los venda en el mercado".

Blanca llenó una canasta con tomates y partió a la casa de Rosa. La noche estaba tan oscura que las dos hermanas pasaron sin verse.

Rosa agregó sus tomates al montón que había en la cocina de Blanca. Y Blanca agregó sus tomates al montón que había en la cocina de Rosa.

Al día siguiente, Rosa miró su montón de tomates. —¡Vaya! —dijo—. ¿Cómo es posible que tenga tantos tomates? ¿Tuvieron bebés mis tomates a medianoche?

Ese mismo día, Blanca también miró su montón de tomates. —¡Vaya! —dijo—. ¿Cómo es posible que tenga tantos tomates? ¿Tuvieron bebés mis tomates a medianoche?

Cuando el maíz maduró, Rosa ayudó a Blanca a recoger su maíz. Y Blanca ayudó a Rosa.

Esa noche Rosa pensó: "Le daré la mitad de mi maíz a Blanca para que lo venda en el mercado".

Esa misma noche Blanca pensó: "Le daré la mitad de mi maíz a Rosa para que lo venda en el mercado".

Cada hermana llenó una canasta con maíz. Rosa fue a la casa de Blanca y Blanca fue a la de Rosa. La noche estaba tan oscura que pasaron sin verse.

Rosa agregó su maíz al maíz que había en la casa de Blanca. Y Blanca agregó su maíz al que había en la casa de Rosa.

Al día siguiente Rosa dijo: —¡Vaya! ¿Cómo es posible que tenga tanto maíz? ¿Será que cada mazorca invitó a una amiga a dormir?

Ese mismo día Blanca dijo: —¡Vaya! ¿Cómo es posible que tenga tanto maíz? ¿Será que cada mazorca invitó a una amiga a dormir?

Cuando los chiles estuvieron rojos y picantes, Rosa ayudó a Blanca a recoger sus chiles. Y después del mediodía Blanca ayudó a Rosa.

Esa noche Rosa pensó: "Le daré la mitad de mis chiles a Blanca para que los venda en el mercado". Esa misma noche Blanca pensó: "Le daré la mitad de mis chiles a Rosa para que los venda".

Cada hermana llenó una canasta con chiles.

En ese momento, el hijo menor de Rosa comenzó a llorar. Rosa fue a la habitación del niño. Lo levantó y lo acunó.

Blanca iba camino a la casa de Rosa.

Cuando el hijo de Rosa se quedó dormido, Rosa tomó su canasta de chiles. Se dirigió a la puerta justo cuando Blanca llegaba.

Las dos dijeron: —¡Vaya!

Rosa dijo: —Blanca, ¿qué estás haciendo? ¿Por qué tienes esa canasta de chiles?

Blanca dijo: —Rosa, ¿qué estás haciendo? ¿Por qué tienes esa canasta de chiles?

Rosa dijo: —Iba a darte la mitad de mis chiles.

Blanca dijo: —¡Pero si yo iba a darte la mitad de mis chiles! —Las dos hermanas se rieron.

Rosa dijo: —Entonces, ¡por eso seguía teniendo tantos tomates!

Blanca dijo: —Entonces, ¡por eso seguía teniendo tanto maíz! —Las hermanas se abrazaron.

Al día siguiente, Rosa y Blanca fueron a la casa de su mamá. Le contaron lo que habían hecho.

La anciana madre sonrió y abrazó a sus hijas, diciendo: —Mis hijas son tan buenas hermanas. Me hacen muy feliz. Creo que soy la madre más afortunada de la ciudad. No, soy la madre más afortunada del país. No, ¡soy la madre más afortunada de todo el mundo!

TEKS

2.3.B.7 Localizar detalles de los cuentos. **2.3.B.9** Apoyar las respuestas con evidencia del texto. **También 2.12.A.1, 2.13.A.2, 2.14.C.1, 2.9.B.1.**

¡Imagínalo! | **Volver a contar**

CALLE DE LA LECTURA EN LÍNEA
ORDENACUENTOS
www.TexasCalledelaLectura.com

Piensa críticamente

1. ¿En qué se diferencia la relación de Rosa y Blanca con la de Anasi y Anene? De texto a texto

2. La mamá de Rosa y Blanca dice que es la madre "más afortunada de todo el mundo". ¿Por qué dice esto el autor? Propósito del autor

3. Cuando el niño de Rosa comenzó a llorar en la página 459, ¿qué sucedió primero? ¿Qué sucedió después? Secuencia

4. ¿Cuál fue tu predicción sobre lo que las hermanas harían con sus vegetales? Di por qué tu predicción estaba o no estaba correcta. Predecir y establecer propósitos

5. Mira de nuevo y escribe Mira de nuevo la página 454. ¿En qué se parecen las hermanas? ¿En qué se diferencian? Da evidencia que apoye tu respuesta.

 PRÁCTICA PARA EL EXAMEN | Respuesta desarrollada

Joe Hayes

Joe Hayes creció escuchando los cuentos que le contaba su padre. Le gustaba tanto escuchar cuentos, que decidió que él también los quería contar. Comenzó contándoles cuentos a sus hijos. Al poco tiempo se dio cuenta de que le gustaba contar cuentos a muchos niños, ¡cuantos más mejor!

Joe Hayes viaja a muchos lugares diferentes para compartir con los niños los cuentos que ha aprendido. Además, ha publicado 20 libros, muchos de ellos en inglés y español.

Lee otros libros sobre ideas creativas.

El picnic de tío Chente

Un día con mis tías

Usa el Registro de lecturas del *Cuaderno de lectores y escritores*, para anotar tus lecturas independientes.

463

TEKS

2.18.A.1 Escribir cuentos breves que incluyan un principio.
2.18.A.2 Escribir cuentos breves que incluyan un medio. **2.18.A.3** Escribir cuentos breves que incluyan un final. **2.21.A.1.iv** Comprender y utilizar verbos irregulares (pasado del modo indicativo) en el contexto de la lectura, la escritura y la expresión oral.

Aspectos principales de un cuento de ficción realista

- cuenta sobre personas y sucesos inventados
- cuenta sucesos que pueden realmente pasar
- tiene un principio, un medio y un final

CALLE DE LA LECTURA EN LÍNEA
GramatiRitmos
www.TexasCalledelaLectura.com

Escritura narrativa

Ficción realista

Un cuento de ficción realista cuenta sucesos que pueden pasar en la vida real. El modelo del estudiante, en la página siguiente, es un ejemplo de cuento de ficción realista.

Instrucciones Piensa en algunas ideas creativas que hayan provocado alguna sorpresa. Escribe un cuento realista sobre un personaje cuya idea creativa provoca una sorpresa.

Lista del escritor

Recuerda que debes...

☑ inventar un cuento que pueda realmente suceder.

☑ usar palabras que hagan interesante tu cuento.

☑ escribir, leer y decir los tiempos verbales.

464

Mucha ayuda

Rita y Greta **prepararon** una cena rápida para su familia. Hicieron sándwiches sabrosos. A ellas les gusta ponerle de todo al pan. De pronto llegó la mamá con dos bolsas.

—¡**Traje** la cena! —**dijo** la mamá—. Vamos a comer.

—¡Nosotras ya preparamos la cena! —dijo Rita, riéndose.

—¡Son unas niñas maravillosas! —dijo la mamá.

Característica de la escritura:
Lenguaje:
Las palabras descriptivas (*rápida, sabrosos*) hacen interesante el cuento.

Género:
Un cuento de **ficción realista** incluye sucesos que parecen reales.

Los **verbos en pasado** dicen lo que pasó. **Traje prepararon** y **dijo** son verbos en pasado.

Normas

Más sobre verbos

Recuerda Los verbos irregulares no siguen las reglas que has aprendido para formar el presente, pasado y futuro:

ir Voy al parque.

poder Puedo cantar.

jugar Juego con Ana.

Estudios Sociales en Lectura

Género
Fábula

- Una fábula es un cuento muy corto que enseña una moraleja.

- Una fábula enseña a menudo su moraleja, o tema, al final del cuento.

- Los personajes de una fábula son frecuentemente animales.

- Lee "El cuervo y la jarra". Piensa en la moraleja que enseña la fábula.

El cuervo y la jarra

una fábula de Esopo narrada por Eric Blair
ilustrada por Laura Ovresat

Había una vez un cuervo sediento que había volado desde muy lejos en busca de agua.

El sediento cuervo vio una jarra de agua y bajó volando a beber.

A la jarra sólo le quedaba un poco de agua en el fondo.

El cuervo metió su pico en la jarra. El agua estaba tan abajo que no podía alcanzarla.

466

"Pero tengo que beber agua. Ya no puedo volar más", pensó el cuervo.

"Ya sé. Voy a volcar la jarra", pensó.

El sediento cuervo golpeó la jarra con sus alas, pero no le quedaban fuerzas para volcarla.

"Quizás pueda quebrar la jarra. Entonces el agua correrá", pensó el cuervo.

Pensemos...

¿Qué problema tiene el cuervo? **Fábula**

Pensemos...

¿Puede el cuervo volcar la jarra? ¿Por qué? **Fábula**

Retrocedió para tomar impulso. Con todas sus fuerzas, el cuervo voló hacia la jarra. La golpeó con su pico y sus garras puntiagudas, pero al cansado cuervo no le quedaban fuerzas para quebrarla.

Cuando estaba a punto de rendirse, el cuervo tuvo otra idea. Dejó caer una piedrita en la jarra. El agua subió un poco.

Pensemos...

¿Por qué sigue el cuervo intentando varias maneras de conseguir el agua?
Fábula

Dejó caer otra y otra más. Con cada piedrita que caía, el nivel del agua subía más.

Pronto el agua alcanzó el borde de la jarra. El cuervo bebió hasta que ya no tuvo más sed.

El cuervo estaba muy contento de sí mismo. Como no se dio por vencido, pudo resolver un difícil problema.

Pensemos...

¿Cómo vence el cuervo al fin? **Fábula**

Pensemos...

Relacionar lecturas ¿Qué necesitan los personajes de *Rosa y Blanca* y "El cuervo y la jarra"? ¿Cómo consiguen lo que necesitan?

Escribir variedad de textos

¿Ayudarían Rosa y Blanca al cuervo a conseguir el agua? Escribe una oración explicando tu respuesta.

469

Vocabulario

Las **palabras de otro idioma** pueden aparecer en cuentos. Las fotos y palabras alrededor de una palabra de otro idioma te pueden ayudar a entender la palabra.

Hello es una palabra en inglés. Significa "hola".

¡Practícalo! Lee cada oración. Busca claves para los significados de las palabras en inglés.

1. Luis acababa de terminar de pintar su *house*. Su casa ahora es blanca con el borde verde.

2. La abuela dijo "thank you very much" muchas veces mientras le agradecía a la gente por sus regalos.

Escuchar y hablar

Prepárate para el tercer grado

Usa palabras sensoriales en tu descripción.

Dar una descripción

Cuando das una descripción, usa palabras que dicen cómo se ve, se siente, huele o sabe algo. Habla claramente y a un ritmo apropiado. Así las demás personas entenderán tu descripción.

¡Practícalo! Piensa en algo que te gusta mucho, como por ejemplo tu comida favorita, un libro o un juguete. Describe el objeto a la clase, dando detalles para que tus compañeros entiendan por qué te gusta. Recuerda hablar claramente para que tus amigos puedan disfrutar tu descripción.

Fluidez

Leer con expresión

Al leer, haz una pausa cuando llegues a una coma. Detente por un momento cuando llegues a un punto o a un signo de interrogación.

¡Practícalo! Lee las oraciones en voz alta. ¿Vamos a tener una huerta este año? Quiero plantar elotes, tomates y frijoles. Sabrán muy sabrosos.

471

TEKS

2.28.A Escuchar atentamente a los hablantes, formulando preguntas para aclarar la información.

2.29.A Comentar información e ideas sobre el tema en discusión, hablando claramente, a un ritmo adecuado y usando las normas del lenguaje pertinentes.

Vocabulario Oral

Hablemos sobre

De dónde vienen las ideas creativas

- Comenta la información sobre investigar y trabajar juntos.

- Comenta tus ideas sobre nuevas maneras de pensar.

CALLE DE LA LECTURA EN LÍNEA
VIDEO DE HABLAR DEL CONCEPTO
www.TexasCalledelaLectura.com

472

TEKS

★ Generar oralmente una serie de palabras originales que rimen, usando una variedad de terminaciones.

Conciencia fonológica

Escuchemos

Sonidos

- Busca cinco cosas que tengan los prefijos *co-*, *com-* y *extra-*.

- Di otras palabras que tengan estos prefijos, como *compromiso*.

- Di una palabra que rime con algo que ves en la ilustración, como *pesa* y *mesa*.

CALLE DE LA LECTURA EN LÍNEA
TARJETAS DE SONIDOS Y GRAFÍAS
www.TexasCalledelaLectura.com

¡Viaje extraordinario a Marte!

por Natalia Duarte
y Ana Perez

TEKS

2.2.F.1 Leer palabras con prefijos comunes. **2.5** Los estudiantes comprenden el vocabulario nuevo y lo utilizan al leer y escribir.

¡Imagínalo! | Sonidos y sílabas

copiloto

co-

compartir

com-

extraterrestre

extra-

CALLE DE LA LECTURA EN LÍNEA
TARJETAS DE SONIDOS Y GRAFÍAS
www.TexasCalledelaLectura.com

Fonética

Prefijos *co-, com-, extra-*

Sonidos y sílabas que puedo combinar

c o m p a d r e

e x t r a f i n o

c o m p a r t i r

c o p i l o t o

c o l a b o r a r

Oraciones que puedo leer

1. Mi mamá tiene un teléfono celular extrafino.

2. La maestra dice que tenemos que colaborar y compartir en clase.

3. El copiloto de la avioneta es el compadre de mi papá.

¡Ya puedo leer!

Para el proyecto de ciencias, mi hermana mayor va a hacer experimentos con plantas. Va a plantar semillas de frijoles en varias macetas. Una maceta la va a esconder en un lugar sin mucho aire. Otra la va a tapar con ropa para que no tenga luz. Otra la va a poner en el jardín donde le caiga la lluvia. Una más no va a tener tierra. Después de una semana, va a estudiar cuál planta tiene más vida. ¡Yo también quiero cooperar en este experimento!

Has aprendido

- Prefijo *co-*
- Prefijo *com-*
- Prefijo *extra-*

Palabras de uso frecuente

plantas esconder ropa lluvia
tierra estudiar vida

477

Género

La **biografía** cuenta la vida de una persona real. Ahora leerás la biografía de George Washington Carver, un científico creativo.

Una mala hierba es una flor

La vida de George Washington Carver

por Aliki

Pregunta de la semana

¿Cuál es el origen de las ideas creativas?

George Washington Carver nació en Missouri en 1860, hace más de cien años. Era una época terrible en que hombres malos salían a caballo por la noche, secuestrando esclavos e hiriendo a quienes trataban de detenerlos.

Una noche, una banda de estos hombres llegó a la granja de Moses Carver, el dueño de George y su madre, Mary. Todos huyeron de miedo. Pero antes de que Mary pudiera esconder a su bebé, los hombres llegaron y se los llevaron a los dos, perdiéndose en la noche.

Moses Carver envió a un hombre a buscarlos.
A Mary nunca la encontraron. Pero en unos pocos
días, el hombre regresó con un pequeño bulto
envuelto en su abrigo y atado al respaldo de su silla
de montar. Era el bebé, George.

Moses y su esposa, Susan, se ocuparon de los hijos
de Mary. George era pequeño y débil. Pero a medida
que crecía, vieron que era un niño muy diferente.
Quería conocer todo lo que lo rodeaba. Preguntaba
por la lluvia, las flores y los insectos. Hacía preguntas
que los Carver no podían responder.

Cuando era niño, George tenía un jardín donde cada día pasaba horas cuidando sus plantas. Si no crecían bien, investigaba por qué. Pronto mejoraban y florecían. En el invierno, cubría sus plantas para protegerlas. En la primavera, sembraba nuevas semillas. Cuidaba cada planta como si fuera la única en su jardín.

Los vecinos comenzaron a pedir consejos a George sobre sus propias plantas y pronto se hizo conocido como el Doctor de las plantas.

A medida que pasaba el tiempo, George se hacía cada vez más preguntas. Quería aprender y deseaba ir a la escuela.

Entretanto, los esclavos habían sido liberados, pero las escuelas de los alrededores no estaban abiertas para las personas de raza negra. Cuando tenía diez años, George dejó a su hermano, su jardín y la granja de los Carver, y partió en busca de respuestas a sus preguntas.

George Washington Carver se quedaba donde encontraba una escuela. Para ganarse la vida, trabajaba para otras personas limpiando pisos, lavando ropa y haciendo pan. Todo lo que George hacía, lo hacía bien. Hasta la tarea más pequeña era importante para él.

Algunas personas cuidaban de George como su propio hijo. Primero se quedó con Mariah y Andy Watkins, quienes fueron como padres para él. Después se mudó a Kansas y vivió con "tía" Lucy y "tío" Seymour. Ellos también adoraban a este muchachito tranquilo y siempre tan dispuesto a ayudar.

485

George trabajó duro durante muchos años, siempre tratando de ahorrar suficiente dinero para la universidad. Otros niños, que tenían padres que los ayudaban, pudieron entrar mucho antes que él. Recién a los treinta años tuvo el dinero suficiente. Sin embargo, no era tan sencillo. No todas las universidades eran imparciales para aceptar a personas de raza negra, aun cuando tuvieran el dinero para pagar.

Pero George no se desanimó. Se mudó a Iowa y encontró una universidad que estaba feliz de recibir a un estudiante de raza negra.

En la universidad, George siguió trabajando. Abrió una lavandería donde lavaba la ropa de sus compañeros.

Esto no le impedía seguir aprendiendo. Sus profesores y amigos pronto se dieron cuenta de que este joven tan serio estaba lleno de talentos. Tocaba el piano, cantaba divinamente y era un excelente pintor. De hecho, por un tiempo pensó ser artista.

487

488

Pero mientras más pensaba George lo que quería hacer, más quería ayudar a la gente. Entonces recordó que sus vecinos le llamaban el Doctor de las plantas.

Nunca había olvidado su amor por las plantas. En todos los años andando de un lado a otro, siempre tuvo alguna plantita en su habitación.

Fue así como George Washington Carver decidió estudiar agricultura. Aprendió sobre plantas, flores y suelos. Hasta aprendió los nombres de las malas hierbas, que para él también eran importantes. Siempre decía: una mala hierba es una flor que crece en el lugar equivocado.

Y seguía haciéndose preguntas. Si ninguna persona ni libro podía responderlas, buscaba las respuestas él mismo. Experimentó con sus propias plantas y descubrió secretos que nadie más conocía.

Cuando George terminó la universidad, comenzó a enseñar. Le pidieron que fuera a Alabama, donde había una universidad para personas de raza negra que necesitaba su talento. Fue allí, en la Universidad Tuskegee, donde George Washington Carver hizo su vida.

En Alabama, el profesor Carver enseñaba a sus estudiantes y a los granjeros negros que eran pobres y que se ganaban la vida trabajando la tierra. Les enseñó cómo mejorar sus cultivos.

491

Muchos granjeros cultivaban algodón. Pero a veces la lluvia o los insectos destruían las cosechas y no podían ganar suficiente dinero para comer.

El profesor Carver les dijo que también sembraran otras plantas. Las batatas y los cacahuates eran buenos cultivos y crecían con facilidad. Les dijo que cultivar sólo algodón dañaba la tierra. Era mejor sembrar diferentes cultivos cada año.

Los granjeros no querían escuchar. Les daba miedo sembrar cacahuates y batatas. Decían que era improbable que alguien se los compraría.

Pero el profesor Carver había hecho experimentos en su laboratorio. Había descubierto que se podían hacer muchas cosas con las batatas. Logró hacer jabón, café, almidón y más de otros cien productos.

Y aun cuando por esos tiempos a los cacahuates se les llamaba "comida de monos", el profesor Carver afirmó que también era un buen alimento para las personas. Además, descubrió que se podían hacer aún más cosas con cacahuates. Papel, tinta, crema de afeitar, salsas, linóleo, champú y ¡hasta leche! De hecho, creó trescientos productos diferentes del cacahuate.

Una vez, cuando esperaban importantes invitados en Tuskegee, el doctor Carver escogió el menú. Los invitados se sentaron a la mesa y disfrutaron una cena compuesta de sopa, pollo a la crema, pan, ensalada, café, caramelos, torta y helado. Imaginen su sorpresa al enterarse de que la cena estaba hecha ¡totalmente de cacahuates!

Poco a poco, los granjeros prestaron atención a George Washington Carver. Sembraron cacahuates y batatas. Sin saberlo, estos productos se convirtieron en dos de los cultivos más importantes de Alabama.

Pronto todo el país supo del doctor Carver y del trabajo extraordinario que estaba haciendo. Presidentes y otras personas importantes le rindieron honores. Todos los días, su buzón se llenaba de cartas de granjeros y científicos que querían su colaboración y sus consejos. Le ofrecían grandes sumas de dinero que él rechazaba, pues el dinero no le importaba. Ni siquiera se molestaba en cobrar los cheques que recibía.

Durante su vida, George Washington Carver nunca pidió nada a nadie. Sólo quería ayudar. Vivía solo y atendía sus propias necesidades. Lavaba su ropa y él mismo la remendaba. Usaba el jabón que fabricaba y comía los alimentos que cultivaba.

En muchas partes del mundo querían que diera conferencias, pero el doctor Carver no salía de Tuskegee a menudo. Tenía cosas que hacer. Seguía pintando. Trabajaba en su invernadero y en su laboratorio, donde descubrió muchas cosas. Descubrió, por ejemplo, que se podían obtener tinturas de las plantas y colores de la arcilla de Alabama. El doctor Carver continuó trabajando aun después de cumplir ochenta años y hasta poco antes de morir. Noche tras noche, mientras el resto del pueblo dormía, una luz seguía brillando a través de su ventana.

El bebé que nació con un futuro incierto y sin esperanzas se convirtió en uno de los grandes científicos de su país. George Washington Carver, con su bondad y devoción, no sólo ayudó a su propia gente, sino a todo el mundo.

TEKS

2.10.A.1 Distinguir entre los textos de ficción y los textos de no ficción literaria. **2.12.A.1** Leer en forma independiente por algún período de tiempo. **También 2.3.B.7, 2.3.B.9, 2.CL1.D.1, 2.CL1.F.2.**

¡Imagínalo! | Volver a contar

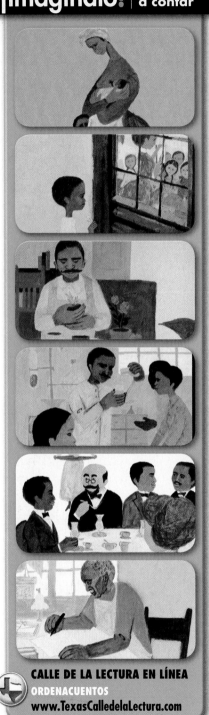

CALLE DE LA LECTURA EN LÍNEA
ORDENACUENTOS
www.TexasCalledelaLectura.com

Piensa críticamente

1. Compara *Rosa y Blanca* con este texto. ¿Cuál es ficción y cuál es no ficción? Explica tu respuesta. De texto a texto

2. ¿Qué quería el autor que supieras de George Washington Carver? Propósito del autor

3. Busca una opinión y un hecho en las páginas 498–499. ¿Cómo puedes saber la diferencia?

Hechos y opiniones

4. ¿Cómo paga George Washington Carver sus estudios? ¿Qué te dice esto de él? Inferir

5. Mira de nuevo y escribe Mira de nuevo la página 497. ¿Qué pensaba George Washington Carver sobre el dinero? Da evidencia que apoye tu respuesta.

PRÁCTICA PARA EL EXAMEN Respuesta desarrollada

Aliki

Cuando Aliki escribe un libro, a menudo hace historietas y dibuja en el margen personajes cómicos que hablan. Sus libros son divertidos, pero ella investiga mucho. "Paso horas en mi escritorio, y a veces tardo tres años en acabar un libro. Lo que hago es diversión dura".

Aliki creció en Filadelfia, pero sus padres son griegos. Habla griego e inglés. En sus libros usa sólo su nombre de pila.

Lee otros libros sobre ideas creativas.

Las sopaipillas de Benito

Cuando crezca, quiero ser...

Usa el Registro de lecturas del *Cuaderno de lectores y escritores,* para anotar tus lecturas independientes.

501

TEKS

2.19.C.2 Escribir comentarios breves acerca de textos informativos.
2.21.A.1.iv Comprender y utilizar verbos irregulares (pasado del modo indicativo) en el contexto de la lectura, la escritura y la expresión oral.
2.21.A.1.v Comprender y utilizar verbos irregulares (presente del modo indicativo) en el contexto de la lectura, la escritura y la expresión oral.

¡Escribamos!

Aspectos principales de una reseña

- explica lo que te gustó o no te gustó de la selección

- cuenta tu opinión acerca de lo que has leído

CALLE DE LA LECTURA EN LÍNEA
GramatiRitmos
www.TexasCalledelaLectura.com

Escritura expositiva

Reseña

Una reseña incluye los comentarios del escritor acerca de una lectura. El modelo del estudiante, en la página siguiente, es un ejemplo de una reseña.

Instrucciones Piensa en *Una mala hierba es una flor*. Escribe una reseña para contar lo que te parece más interesante acerca de este estadounidense tan creativo.

Lista del escritor

Recuerda que debes...

☑ decir qué te pareció interesante de la selección.

☑ escribir en un párrafo la idea principal y los detalles de apoyo.

☑ usar los verbos *ser* o *estar*.

502

Reseña de <u>Una mala hierba es una flor</u>

Me gustó leer que George Washington Carver tenía talento para diferentes cosas. **Era** tan inteligente que inventó muchas cosas con batatas y con cacahuates. Sabía tocar el piano, cantar y pintar. Me gustó aprender que con los cacahuates fabricó papel. **Estoy** segura de que **fue** un gran científico.

Característica de la escritura: Organización:
El párrafo tiene una idea principal y detalles de apoyo.

El escritor usa los **verbos era, estoy** y **fue** correctamente.

Género:
En esta **reseña** el escritor comenta la selección.

Normas

Los verbos copulativos *ser* y *estar*

Recuerda Los verbos **ser** y **estar** no son verbos de acción. El verbo **ser** describe cómo es una persona, animal o cosa. El verbo **estar** dice dónde está o cómo se siente.

Juan **es** alto. Él **está** enfermo y triste.

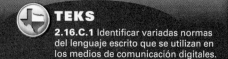

TEKS

2.16.C.1 Identificar variadas normas del lenguaje escrito que se utilizan en los medios de comunicación digitales.

Destrezas del siglo XXI

Usa un buscador en Internet para niños que responda preguntas. Esto hace más fácil hallar cosas. Sólo tienes que teclear tu pregunta.

- Un buscador en Internet es un instrumento de investigación. Te guía a la información en Internet.

- Un buscador en Internet puede hallar sitios Web sobre un tema.

- Usas palabras clave para comenzar una investigación usando un buscador en Internet.

- Lee "¿Qué cosas se hacen de maíz?". Usa el texto y las ilustraciones para aprender sobre buscadores en Internet.

¿Qué cosas se hacen de maíz?

Si vas a escribir un informe, puedes usar Internet para encontrar la información. María, por ejemplo, quiere escribir un informe sobre cómo se usa el maíz a diario. Ella navega por Internet usando un buscador en Internet. Primero, María hace una lista de palabras clave sobre su tema. Pueden ser palabras sueltas o grupos de palabras que escribirá en la ventana del buscador en Internet. A María se le ocurrieron las siguientes palabras clave:

Maíz

Usos del maíz

Cómo usamos el maíz

Puede escribir cualquiera de estas palabras en la ventana del buscador en Internet y después hacer clic en el botón *Search*. Después de unos segundos, obtiene una lista de sitios Web.

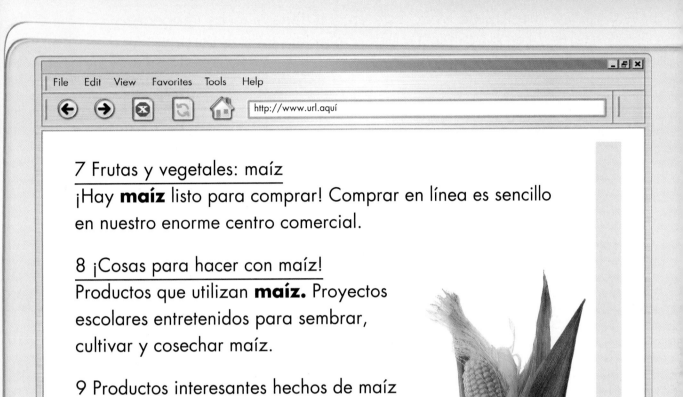

7 Frutas y vegetales: maíz

¡Hay **maíz** listo para comprar! Comprar en línea es sencillo en nuestro enorme centro comercial.

8 ¡Cosas para hacer con maíz!

Productos que utilizan **maíz.** Proyectos escolares entretenidos para sembrar, cultivar y cosechar maíz.

9 Productos interesantes hechos de maíz

Todo lo que siempre quisiste saber sobre el **maíz.**

10 Cómo cultivar maíz

Consejos sobre el cultivo de diferentes tipos de **maíz.**

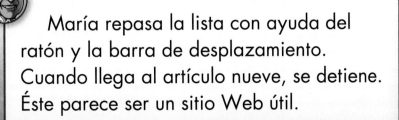

María repasa la lista con ayuda del ratón y la barra de desplazamiento. Cuando llega al artículo nueve, se detiene. Éste parece ser un sitio Web útil.

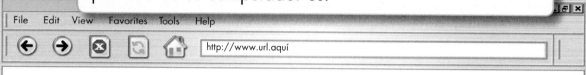

María hace clic en el enlace Productos interesantes hechos de maíz. Este enlace tiene muchas imágenes y descripciones. Lo que a continuación ve María en la pantalla de su computador es:

File   Edit   View   Favorites   Tools   Help

http://www.url.aquí

Productos interesantes hechos de maíz

- El maíz se puede usar para hacer cuchillos, tenedores y cucharas. Puede usarse para hacer platos, pañales, jarros de leche, maquinillas de afeitar y tees de golf. Todas estas cosas se deshacen cuando van a dar a la basura, lo que ayuda al medio ambiente.

- El maíz puede transformarse en "cacahuates de espuma". Los cacahuates de espuma se utilizan para proteger objetos guardados en cajas. Estos cacahuates se disuelven en agua.

Productos interesantes hechos de maíz

- También se usa maíz para hacer jabón para lavar la ropa. Este jabón limpia mejor.

- El aceite de maíz puede usarse para hacer pinturas y tinturas que no contaminan el planeta.

- También puede usarse maíz para fabricar la película que usas en tu cámara fotográfica.

María toma notas y después busca más sitios Web. Después de encontrar más datos, ya puede hacer un informe sobre los diferentes usos del maíz.

para más práctica

Busca en línea

www.TexasCalledelaLectura.com

Usa un buscador en Internet como ayuda para aprender más sobre cómo cultivar maíz.

Destrezas del siglo XXI: Actividad en línea

Ingresa y sigue paso a paso las instrucciones para usar buscadores en Internet para investigar más sobre cómo cultivar maíz en un huerto escolar.

TEKS

2.4.A.1 Leer textos adecuados al nivel del grado, en voz alta y con precisión.
2.5.C.2 Identificar palabras comunes con significados similares (sinónimos).
2.5.C.4 Usar palabras comunes con significados similares (sinónimos).
2.16.B.1 Describir las técnicas que se utilizan para crear mensajes de comunicación.

CALLE DE LA LECTURA EN LÍNEA
ACTIVIDADES DE VOCABULARIO
www.TexasCalledelaLectura.com

Vocabulario

Los **sinónimos** son palabras que tienen el mismo, o casi el mismo, significado. Por ejemplo, feliz y contento son sinónimos.

¡Practícalo! Lee cada oración. Escoge el sinónimo de la palabra en negritas. Luego, usa los sinónimos en tus propias oraciones.

1. El ramo de flores era **hermoso**.   caro   bello

2. La corredora es muy **veloz**.   rápida   pesada

Fluidez

Leer con expresión y entonación Usa expresión y tono al leer. Levanta la voz un poco al final de una pregunta. Muestra emoción cuando leas exclamaciones.

¡Practícalo! Con tu compañero, lee las páginas 418–419 de *Anansi se va de pesca* sin expresión. Luego, lee el mismo texto con expresión.

508

Lectura y medios de comunicación

Describe cómo los sonidos e imágenes se usan para crear mensajes en los medios de comunicación.

Describir técnicas de los medios de comunicación

Algunos medios de comunicación, como los sitios en Internet y la televisión, usan sonidos e imágenes. Por medio de éstos, presentan tanto opiniones como hechos.

¡Practícalo! Compara una historia que viste o leíste en un medio de comunicación con una historia que leíste en el libro. Piensa acerca de la manera en que aparecen las fotos y las palabras. Explica en qué se parecen los medios de comunicación y los libros. Explica en qué son diferentes.

Sugerencias

Hablar...

- Describe cómo las palabras, las imágenes y los sonidos se combinan en los medios de comunicación para alterar el significado.

509

Aa

a·bo·ga·do/da Un **abogado** es alguien que da consejos sobre la ley. Los **abogados** ayudan a las personas que tienen que ir a un juicio. *NOMBRE*

a·cam·par **Acampar** significa pasar unos días en el campo en una tienda de campaña. *VERBO*

ae·ros·tá·ti·co/ca Algo es **aerostático,** como un globo, si tiene gases en su interior y puede volar. *¡FUE MUY DIVERTIDO VOLAR EN UN GLOBO* **aerostático!** *ADJETIVO*

a·for·tu·na·do/da Una persona es **afortunada** si tiene una buena razón para ser feliz. *MI HIJA VA A COMPETIR EN LOS JUEGOS OLÍMPICOS. ELLA ES MUY* **afortunada.** *ADJETIVO*

a·gri·cul·tu·ra La **agricultura** es el cultivo de los campos. *MI ABUELO SE DEDICA A LA* **agricultura.** *ÉL CULTIVA MAÍZ. NOMBRE*

ar·ma·di·llo El **armadillo** es un animal que tiene una coraza muy dura. *NOMBRE*

a·ro·má·ti·co/ca **Aromático** quiere decir que huele bien. *ADJETIVO*

as·tro·nau·ta Un **astronauta** es una persona que está preparada para viajar en una nave espacial. *CUANDO ESTÁN EN EL ESPACIO, LOS* **astronautas** *REPARAN LAS ESTACIONES ESPACIALES Y HACEN EXPERIMENTOS. NOMBRE*

astronauta

a·ún **Aún** significa todavía. *YA ES TARDE Y* **aún** *NO HA LLEGADO EL TREN. ADVERBIO*

Bb

ba·beó **Babear** quiere decir echar babas. *MI PERRITO* **babeó** *LA PELOTA CUANDO LA ATRAPÓ CON LA BOCA. VERBO*

Cc

ca·quis Los **caquis** son frutos de color anaranjado, muy dulces y jugosos. *NOMBRE*

chiles

chi·les Los **chiles** son pimientos picantes de varios colores. *NOMBRE*

co·bi·to Un **cobito** es un cangrejo pequeño. Tiene el vientre muy blando y se protege en conchas de mar vacías que dejan otros animales *NOMBRE*

co·llar Un **collar** es una cinta que se pone alrededor del cuello de un perro u otra mascota. Los **collares** están hechos de plástico o de piel. *NOMBRE*

con·ser·vas Las **conservas** son alimentos que se mantienen dentro de una lata o frasco para que no se echen a perder. *NOMBRE*

cria·tu·ra Una **criatura** es un ser vivo. *MUCHAS* **criaturas** *VIVEN EN EL BOSQUE. NOMBRE*

cul·pa Cuando algo es **culpa** de alguien, esa persona ha actuado mal o causado algún daño. *NO ES* **culpa** *DE LOS NIÑOS QUE SE HAYA ROTO EL CRISTAL. NOMBRE*

Dd

de·li·cio·so/sa Algo es **delicioso** cuando sabe o huele muy bien. *ADJETIVO*

di·mi·nu·tos/tas Cuando algo es muy pequeño, es **diminuto.** *ADJETIVO*

Ee

e·le·gí **Elegir** significa preferir o escoger una opción de entre varias. *HABÍA MUCHOS LIBROS, PERO* **elegí** *UNO SOBRE LA NATURALEZA. VERBO*

e·mo·ción Una **emoción** es un sentimiento fuerte, como la alegría o la tristeza. *NOMBRE*

emoción

es·ce·na·rio El **escenario** es la parte del teatro donde los actores, bailarines u otros artistas actúan ante el público. *NOMBRE*

es·cu·char **Escuchar** significa oír con atención. *VERBO*

Eu·ro·pa **Europa** es el continente donde están países como Italia, Alemania, España o Francia. *NOMBRE*

é·xi·to Tienes **éxito** si haces las cosas muy bien. *NOMBRE*

ex·pe·ri·men·tos Un **experimento** es una prueba o un ensayo que se hace para encontrar algo. *HACEMOS* **experimentos** *EN LA CLASE DE CIENCIAS. NOMBRE*

Ff

farol

fa·ro·les Los **faroles** son cajas transparentes que contienen una luz y sirven para alumbrar. *NOMBRE*

flo·jo/ja Si alguien es **flojo,** significa que no le gusta trabajar fuertemente o moverse con rapidez. *EL GATO ES TAN* **flojo** *QUE SE TUMBA TODO EL DÍA EN EL SOFÁ. ADJETIVO*

frondoso

fo·to Una **foto** es un retrato que se hace con una cámara fotográfica. *NOMBRE*

fres·co/ca **Fresco** significa un poco frío. *ENTRÓ AIRE* **fresco** *POR LA VENTANA.* *ADJETIVO*

fron·do·so/sa Un árbol es **frondoso** si tiene muchas ramas y hojas. *ADJETIVO*

fuer·za Si una persona o un animal tiene **fuerza,** puede mover objetos pesados y hacer muchas cosas. *LOS PERROS TIRARON DEL TRINEO CON* **fuerza** *PARA MOVERLO.* *NOMBRE*

Gg

gra·ve·dad La **gravedad** es la fuerza natural que hace que los objetos se muevan hacia el centro de la Tierra. Las cosas tienen peso por la **gravedad.** *NOMBRE*

guar·dia Estás de **guardia** cuando vigilas alguna cosa. *NOMBRE*

Hh

ha·llaz·go Un **hallazgo** es un descubrimiento, algo que has encontrado. *EL ÚLTIMO* **hallazgo** *DE JULIO ES UNA MONEDA MUY ANTIGUA.* *NOMBRE*

ho·nes·to/ta Alguien **honesto** no miente, no hace trampas y tampoco roba. *ADJETIVO*

Ii

in·ver·na·dero Un **invernadero** es una casa especial para las plantas. Los **invernaderos** tienen el tejado y las paredes de cristal o plástico para que las plantas crezcan con suficiente luz y calor. *NOMBRE*

invernadero

Jj

jus·ti·cia Hay **justicia** cuando las cosas son justas y están bien hechas. *NOMBRE*

Ll

la·bo·ra·to·rio Un **laboratorio** es una habitación donde los científicos trabajan en sus experimentos. *NOMBRE*

la·dro·nes/nas Un **ladrón** es alguien que roba. *LA POLICÍA ATRAPÓ A LOS* **ladrones.** *NOMBRE*

li·te·ra·tu·ra La **literatura** es el arte de expresar sentimientos o ideas con palabras escritas. *NOMBRE*

Mm

man·cha·do/da Una cosa está **manchada** cuando tiene manchas y no está limpia. *ADJETIVO*

me·dio/dia **Medio** es una mitad de algo. *SE COMIÓ SÓLO* **medio** *SÁNDWICH. ADJETIVO*

mi·ni·des·ca·po·ta·ble Un **minidescapotable** es un carro que no tiene techo. *NOMBRE*

minidescapotable

mo·li·no Un **molino** es un edificio en donde se muelen cereales para hacer harina. *NOMBRE*

mons·truos Los **monstruos** son personas o animales inventados que dan miedo. En los cuentos, algunos **mostruos** son amistosos y otros no. *LOS DRAGONES SON* **monstruos.** *NOMBRE*

mú·si·co Un **músico** es una persona que toca un instrumento, compone canciones o canta. *NOMBRE*

Nn

na·rra·dor/ra Un **narrador** es una persona que cuenta un cuento o una obra de teatro. *NOMBRE*

Oo

o·bra Una **obra** es algo que haces. Hay **obras** buenas y **obras** malas. *ABRIR LA PUERTA PARA QUE UNA PERSONA QUE TIENE LAS MANOS OCUPADAS PUEDA ENTRAR ES UNA BUENA* **obra.** *NOMBRE*

op·ti·mis·mo Tienes **optimismo** cuando crees que un problema se puede solucionar y confías en que todo volverá a estar bien. *NOMBRE*

ovalado

o·va·la·do/da Una figura **ovalada** tiene forma de óvalo, como los huevos. *ADJETIVO*

Pp

pa·ís Un **país** es el territorio en donde viven las personas, por ejemplo, los Estados Unidos de América. *MI MADRE ES DE UN* **país** *QUE SE LLAMA URUGUAY. NOMBRE*

pa·rien·tes Tus **parientes** son todos tus familiares. Tus padres, tus abuelos y tus primos son tus **parientes.** *NOMBRE*

par·ti·do/da **Partido** significa dividido en varias partes o trozos. *HICIMOS UN PASTEL Y LE AGREGAMOS CHOCOLATE* **partido** *EN TROZOS. ADJETIVO*

pe·li·gro·so/osa Una cosa es **peligrosa** cuando puede hacer daño. *ADJETIVO*

pue·blo Un **pueblo** es una villa o población pequeña. *Mi familia vive en el* **pueblo** *donde nací.* *nombre*

Rr

res·ba·la·ron **Resbalas** cuando te deslizas inesperadamente. *Los autos* **resbalaron** *porque había nieve en la calle.* *verbo*

re·so·pló **Resoplar** significa respirar por la nariz de forma ruidosa. *Su hermano* **resopló** *al reír.* *verbo*

re·to·ño Un **retoño** es un brote o tallo nuevo de una planta. *nombre*

Ss

so·bre Un **sobre** es una cubierta de papel doblado en forma de bolsa. Los **sobres** se usan para enviar por correo cartas u otras cosas planas. *nombre*

Tt

telescopio

te·jí **Tejer** es entrelazar hilos, cordones o hebras de lana para fabricar algo. **Tejí** *un suéter para mi tía.* *verbo*

te·les·co·pio Usas un **telescopio** para ver de cerca algo que está muy lejos. *Miramos la Luna con un* **telescopio.** *nombre*

ti·rar **Tirar** es hacer fuerza para traer algo hacia ti. **Tirar** también significa hacer fuerza para arrastrar algo o moverlo de sitio. **Tiró** *de la anilla para abrir el paracaídas.* *verbo*

516

ti·ri·tó **Tiritas** cuando tiemblas porque tienes frío, miedo u otra emoción intensa. *VERBO*

tor·ti·llas Las **tortillas** son panes redondos muy delgados y planos. Las **tortillas** se hacen normalmente con maíz. *NOMBRE*

transbordador

trans·bor·da·dor Un **transbordador** es una nave espacial con alas. Los **transbordadores** pueden dar vueltas alrededor de la Tierra, aterrizar como un avión y volver a utilizarse. *NOMBRE*

tra·ba·jo Se hace un **trabajo** cuando se realiza una actividad o un oficio. *LLEGÓ MÁS TARDE A CASA PORQUE TENÍA MUCHO* **trabajo.** *NOMBRE*

Uu

u·ni·ver·si·dad Cuando terminas la escuela secundaria, puedes continuar estudiando una carrera en la **universidad.** *NOMBRE*

Vv

va·lien·tes Si eres **valiente,** no tienes miedo. *ADJETIVO*

ven·ta·jas Algo puede gustarte más porque tiene **ventajas** en comparación con otras cosas. *VIVIR EN UN PUEBLO TIENE LA* **ventaja** *DE QUE TARDAS POCO EN LLEGAR A LA ESCUELA. NOMBRE*

vio **Ves** algo cuando lo percibes con los ojos y lo miras. *MI HERMANA* **vio** *UN VENADO EN EL BOSQUE. VERBO*

Unidad 1
Medio elefante

además
árbol
medio
noche
otro
par
propios
sin

Exploremos el espacio con una astronauta

aprender
dormir
limpios
lleno
mientras
viajes

Henry y Mudge y la noche estrellada

ayer
carro
casi
comida
llegar
siempre

Árboles por todas partes

abeja
animales
dulce
hojas
naranja
pájaro
rama
sombra

El más fuerte
de todos

algo

caer

fuego

manera

nido

nubes

Unidad 2
Tere y Zuci,
las amigas valientes

encima

escuchar

fácil

fuerza

igual

malo

tirar

Abraham Lincoln

grado

joven

llevar

madera

maíz

ninguno

país

Los arbolitos
bebé

adentro

bajo

momento

ojo

palo

piedras

primero

tanto

Los músicos de Bremen

camino
gallo
idea
triste
ventana
viejo

Toda buena obra merece su recompensa

hambre
mal
mañana
obra
patas
preguntar
ratón

Unidad 3
Me llamo Gabriela

alegres
boca
cantar
contar
fueron
montañas
palabras
pueblo

Querido Juno

abuela
carta
fresco
globos
hacia
jardín
lejos

Anansi se va de pesca

claro

durante

encontrar

esperar

playa

trabajo

verdad

Rosa y Blanca

alimentar

ciudad

comprar

nadie

puerta

siguiente

Una mala hierba es una flor

esconder

estudiar

lluvia

plantas

ropa

tierra

vida

521

Text

Illustrations

Photographs

20 (Inset) ©Patrik Giardino/Corbis, (Bkgd) ©Powered by Light/Alan Spencer/Alamy Images; **21** ©Tom & Dee Ann McCarthy/Corbis; **52** (Inset) ©George Hall/Corbis, (CL) ©Shilo Sports/Getty Images, (Bkgd) Getty Images; **58** (B) ©Royalty-Free/Corbis, (T, C, Bkgd) Getty Images; **59** (C) NASA; **60** (L) NASA; **61** (T, B) NASA; **62** (L, BR) NASA; **63** (TC, BR) NASA; **64** (B) NASA/Roger Ressmeyer/Corbis; **65** NASA; **66** (TR, Bkgd) NASA; **68** (Bkgd) Getty Images, (T, C) NASA; **69** (CR, B) NASA; **70** NASA; **76** (CC) Getty Images; **77** (BR) ©Joseph Sohm; ChromoSohm Inc./Corbis, (CR, C) ©Richard T. Nowitz/Corbis, (T) Corbis; **78** (B) ©Richard T. Nowitz/Corbis; **79** (TR) ©Franz-Marc Frei/Corbis, (TL, B) ©Richard T. Nowitz/Corbis; **82** ©Jim Ballard/Getty Images; **83** (B) ©Joe McDonald/Corbis, (C) ©Nigel J. Dennis; Gallo Images/Corbis, (T) Michael & Patricia Fogden/Corbis; **114** ©John Crum/Alamy Images; **115** (T) ©Tom Stewart/Corbis, (C) Blend Images/Jupiter Images; **139** Stuart Lafford/©DK Images; **140** (T) INTERFOTO Pressebildagentur/Alamy Images, (C) Jack Dykinga/Riser/Getty Images, (B) John Ferro Sims/Alamy Images; **141** (BL) Matthias Breiter/Minden Pictures/Getty Images, (TR) Maurice Nimmo; Frank Lane Picture Agency/Corbis; **144** (B) ©Frans Lanting/Corbis, (T) ©Martin Harvey/Peter Arnold, Inc.; **172** Tom Brakefield/Corbis; **173** ©Tom Brakefield/Corbis; **174** (B) ©John H. Hoffman/Bruce Coleman Inc., (T) Roland Seitre/Peter Arnold, Inc.; **175** Theo Allofs/Corbis; **178** ©Juniors Bildarchiv/Alamy Images; **180** Brand X Pictures/Getty Images; **181** (T) ©Larry W. Smith/epa/Corbis, (B) Getty Images; **206** ©Tim Davis/Corbis; **207** (LT) ©Andrea Comas/Corbis, (LC) ©Bob Winsett/Index Stock Imagery, (LB) ©Gambarini Mauricio/dpa/Corbis, (B) ©Tom Nebbia/Corbis; **208** (CR) ©Armando Arorizo/Corbis, (Bkgd) ©Owen Franken/Corbis, (CL) ©Shamil Zhumatov/Corbis, (TR) ©Vaughn Youtz/Corbis; **209** (T) ©Ralf-Finn Hestoft/Corbis; **212** (B) ©Jennifer Brown/Star Ledger/Corbis, (T) ©LWA-Sharie Kennedy/Corbis; **213** ©Bernard Annebicque/Sygma/Corbis; **230** (BC) Corbis; **231** (BR) ©Bettmann/Corbis, (C) Corbis; **242** (B) ©Jamie Grill/Blend Images/Jupiter Images; **243** ©Liquidlibrary/Jupiter Images; **267** Jorg Greuel/The image bank/Getty Images; **268** ©Jupiterimages/Brand X/Alamy; **269** (BR) ©Natalie Fobes/Corbis, (C) Alex Maclean/Getty Images, (TR) Tony West/Alamy Images; **272** ©Ariel Skelley/Corbis; **273** (B) ©Michael Pole/Corbis, (C) ©Paul Harris/Getty Images; **308** (C) ©David Katzenstein/Corbis; **309** (T) ©Design Pics Inc./Alamy, (B) Corbis; **342** ©imagebroker/Alamy; **343** (T) ©Blend Images/SuperStock, (B) ©Jim Cummins/Getty Images; **374** (T) ©Kitt Cooper-Smith/Alamy Images; **375** (B) PhotoAlto/Getty Images; **410** (T) ©Fabio Colombini Medeiros/Animals Animals/Earth Scenes, (B) ©Masterfile Royalty-Free; **411** ©Karl Ammann/Nature Picture Library; **444** ©Jim Cummins/Corbis; **445** (B) ©Royalty-Free/Corbis, (T) ©Tom Stewart/Corbis; **472** (T) ©Royalty-Free/Corbis, (C) Peter Beck/Corbis; **473** ©George Disario/Corbis; **506** (T, B) Corbis; **507** (TR, CR, BR, BL) Getty Images; **510** Jupiter Images; **512** (BL) Getty Images, (TL) Stockdisc; **513** (BR) ©Jim Winkley/Corbis, (TL) Getty Images; **514** Corbis; **515** Index Open; **516** ©photolibrary/Index Open; **517** Jupiter Images.